高等学校应用技术型经济管理系列教材（会计系列）

高等学校应用型经济管理规划教材

总主编／李　雪　主审／徐国君

# 酒店会计

## Hotel Accounting

徐伟丽◎主　编

李小林◎副主编

立信会计出版社

LIXIN ACCOUNTING PUBLISHING HOUSE

图书在版编目(CIP)数据

酒店会计 / 徐伟丽主编. —上海：立信会计出版
社，2019.7
高等学校应用技术型经济管理系列教材. 会计系列
ISBN 978 - 7 - 5429 - 6201 - 0

Ⅰ. ①酒… Ⅱ. ①徐… Ⅲ. ①饭店－财务会计－高等
学校－教材 Ⅳ. ①F719.2

中国版本图书馆 CIP 数据核字(2019)第 136566 号

策划编辑　　方士华
责任编辑　　王斯龙
封面设计　　南房间

## 酒店会计

| | | | |
|---|---|---|---|
| 出版发行 | 立信会计出版社 | | |
| 地　　址 | 上海市中山西路 2230 号 | 邮政编码 | 200235 |
| 电　　话 | (021)64411389 | 传　　真 | (021)64411325 |
| 网　　址 | www.lixinaph.com | 电子邮箱 | lixinaph2019@126.com |
| 网上书店 | http://lixin.jd.com | http://lxkjcbs.tmall.com | |
| 经　　销 | 各地新华书店 | | |
| 印　　刷 | 常熟市梅李印刷有限公司 | | |
| 开　　本 | 787 毫米×1092 毫米 | 1/16 | |
| 印　　张 | 9.75 | | |
| 字　　数 | 219 千字 | | |
| 版　　次 | 2019 年 7 月第 1 版 | | |
| 印　　次 | 2019 年 7 月第 1 次 | | |
| 印　　数 | 1—2100 | | |
| 书　　号 | ISBN 978 - 7 - 5429 - 6201 - 0/F | | |
| 定　　价 | 31.00 元 | | |

如有印订差错，请与本社联系调换

# 总　序

　　教材是高校实现人才培养目标的重要载体,教材及教材建设对高校发展具有举足轻重的作用。与培养模式相对应的教材是培养合格人才的基本保证,是实现培养目标的重要工具。由于历史的原因,在财经类教材的出版方面,相关出版社出版研究型本科或者高职高专、中等职业等层次的教材较多,也较成熟,而在应用技术型本科教材出版上比较欠缺,虽然近年来也出版了一些这方面的教材,但总体而言,还是缺乏权威性、普适性、实用性和创新性。造成这种状况的原因主要在于:出版社对财经类应用技术型本科教材的出版还不够重视,没有进行有效的组织;财经类应用技术型本科院校多为新建院校,教材建设相对滞后,主观上也较愿意使用研究型本科教材;在教材使用中存在比较严重的混用现象,教材的目标读者群不明确,如不少教材既适用于研究型本科又适用于应用技术型本科,或者既适用于本科又适用于高职高专。

　　由于目前应用技术型教材种类和数量匮乏或质量欠佳,应用技术型本科不得不沿用传统研究型本科教材。比如,东北财经大学会计系列教材(包括《基础会计》《中级财务会计》《管理会计》《高级财务会计》《审计》等)、中国人民大学会计系列教材(如《成本会计》)和教育部统编教材(如《财务管理》)等国家级规划教材。这些教材本身的质量很好、级别很高,但是并不适用于应用技术型本科的教学,教师和学生普遍反映不好用。即使从全国范围看,也还没有相对成套、成熟的适合应用技术型本科使用的教材,无法适应教育教学要求。研究型本科教材存在的主要问题包括:①教材的定位和要求较高;②教材的内容多、难度大;③教材着重于理论解释,相关案例、实训等内容较少,缺乏普适性、实用性。所以,需要编写适应学生水平、便于学生接受的应用技术型本科教材。

　　我们组织具有多年应用技术型本科人才培养经验的优秀教师和实务界专家编写了本套系列教材。本套系列教材由《会计基本技能》《基础会计》《中级财务会计》《成本会计》《管理会计》《财务管理》《会计信息系统》《审计学原理》《审计实务》《税法》《经济法》《金融学》等构成。为了保证教材的质量,我们还聘请了著名高校的专家、教授对本套系列教材编写进行专门指导和审核。每本教材至少有一名本学科的知名专家或学科带头人提出审核指导意见,有一名高等院校教学一线的高级职称教师参与组织编写,有一名行业协会、实务界专家和教学研究机构人员提出编写建议。

　　本套系列教材的特色如下。

　　1. 应用性

　　应用技术型本科教材应坚持培养应用技术型本科人才的定位,充分吸收和借鉴传统的普通本科教材与高职高专类教材建设的优点和经验,以就业为导向,做到理论上优于高职高专类教材,动手能力的培养上优于传统的本科院校教材。

本套系列教材明确了应用技术型本科的定位,体现了素质教育和"以学生发展为本"的教育理念,遵循了高等教育教学基本规律,重视知识、能力和素质的协调发展,根据应用技术型本科人才培养模式对学生的创新精神、实践能力和适应能力的要求,在内容选材、教学方法、学习方法、实验和实训配套等方面突出了应用性特征。

2. 针对性

本套系列教材的编写符合会计学、财务管理和审计学专业的培养目标、培养需求、业务规格(知识结构和能力结构)和教学大纲的基本要求,与各专业的课程结构和课程设置相对应,与课程平台和课程模块相对应。本套系列教材在结构的布局、内容重点的选取、示例习题的设计等方面符合教改目标和教学大纲的要求,把教师的备课、试讲、授课和辅导答疑等教学环节有机地结合起来。

3. 先进性

本套系列教材反映了应用技术型本科会计人才教育教学改革的内容,能够反映学科领域的新发展。本套系列教材的整体规划、每一本教材构造等均体现了实用性和创新性。本套系列教材还强调了系列构建,包括了教材、学习指导书、教学课件等。

4. 基础性

本套系列教材打破传统教材自身知识框架的封闭性,尝试多方面知识的融会贯通,注重知识层次的递进,体现每一门科目的基本内容,同时,在具体内容上突出实际的运用知识的能力,使本套系列教材做到"教师易教,学生乐学,技能实用"。

5. 易于自学性

自学能力的培养是高等教育应该教授给学生的一项基本能力。只有具备了自主学习的能力,才能最终建立起终身学习的保障体系,这也是应用技术型本科人才培养的客观要求。应用技术型高校的生源素质与其他高校相比存在较大差距,除一部分高考发挥失误的学生外,有相当一部分学生在学习习惯、基础知识等方面存在一定的欠缺,这就要求本套系列教材要能调动这部分学生的学习积极性,在理论方面尽量通俗易懂,在实践方面尽量采用案例式教学。为了有利于学生课后自主学习,本套系列教材配套了学习指导书和教学课件。

本套系列教材的定位把握准确,教材的特色明显,适用于应用技术型本科教学,容易得到学生和市场的认可,便于学生的自学和教师的教学。

高等学校应用技术型经济管理系列教材(会计系列)凝聚了众多领导、教授和专家多年来的经验和心血。当然,由于我们的经验和人力有限,教材中难免存在不足,我们期待着各位同行、专家和读者的批评指正。我们将随着经济发展和会计环境的变迁不断地修订教材,以便及时反映学科的最新发展和人才培养的最新变化。

李 雪

2019 年 7 月

# 前　言

随着我国经济的发展和人民生活水平的不断提高,我国的第三产业蓬勃发展。酒店业是我国第三产业中重点发展的行业,它在推动经济社会发展,扩大就业,促进国际文化交流,满足人民群众日益提高的生活需要等方面都发挥了巨大的作用,其会计信息的质量不容忽视。本教材对酒店业的会计核算方法及业务流程进行了详细的阐述。

本教材作为高等学校应用技术型经济管理系列教材(会计系列)之一,以新版《企业会计准则》为依据,紧密结合酒店业经营的特点,全面、系统地阐述了酒店会计的基本理论和会计实务的具体处理方法。在本教材编写过程中,加入了"引入案例""延伸阅读""相关思考"等内容,力求体例完整,内容丰富。本教材适用面较广,既可以作为高等院校会计专业选修课教材,也可以作为各类酒店财务人员业务培训用书。

本教材编写特点如下。

1. 注重理论联系实际

本教材结合我国酒店业的实际情况,对每部分内容尽可能通过例题来加以说明,同时尽量完美地将理论知识与实务相结合,重视知识、能力和素质的协调发展,以培养应用型本科人才为目的,并提高学生的创新精神、实践能力和适应能力。

2. 案例丰富

本教材在编写时对部分较难处理的业务事项精心设计,编写了具体且有针对性的经营案例,并对此展开全面、准确、深入的解析,最大限度贴近和还原各类酒店的会计操作实务。

3. 紧密结合税收实务

本教材在对酒店业的会计实务进行分析的基础上,还注意到税收这一影响企业收益的重要支出事项,因此在编写时特别对经济业务的涉税问题进行了详细分析,实现会计与税收实务的有效结合。

4. 辅以图表,便于理解

本教材在编写时注意学生的习惯,深入浅出,讲解详细;并借助相关图、表等工具进行讲解,图文并茂,并穿插鲜活案例,通俗易懂。

本教材由徐伟丽为主编,李小林为副主编,张念念、孙晓彤为编者。具体分工如下:第1章概论由徐伟丽编写,第2章酒店资产、负债、所有者权益的会计核算由李小林编写,第3章酒店客房业务的会计核算由张念念编写,第4章酒店餐饮业务的会计核算由孙晓彤编写,第5章酒店康乐业务及客运业务的会计核算由孙晓彤、徐伟丽编写,第6章商品购销业务的会计核算由李小林编写,第7章酒店其他业务的会计核算由徐伟丽编写,第8章酒店税费的会计核算由张念念编写,第9章酒店会计报表的编制由李小林编写。

本教材在编写过程中参考了大量相关教材和论著,在此向有关作者致以深深的谢意!

本教材的编写先后经过多次讨论研究,力求内容编排合理、避免错误,但难免存在考虑不周、表达不妥当的地方,书中疏漏不足之处,敬请读者批评指正。

编　者

2019 年 7 月

# 目　录

# 第1章 概　论

## 内容提要

本章主要讲解了酒店的基本概念,包括酒店的定义、分类以及等级划分;酒店的产生与发展;酒店的组织结构与业务分类以及酒店会计核算内容与特点。

## 重点难点

本章重点为酒店的定义、分类、等级划分;酒店的组织结构与业务分类以及酒店会计核算内容与特点。

## 学习目标

通过本章学习,学生应了解酒店的起源发展;重点掌握酒店的定义、分类、等级划分;酒店的组织结构与业务分类以及酒店会计核算内容及特点。

## 知识框架

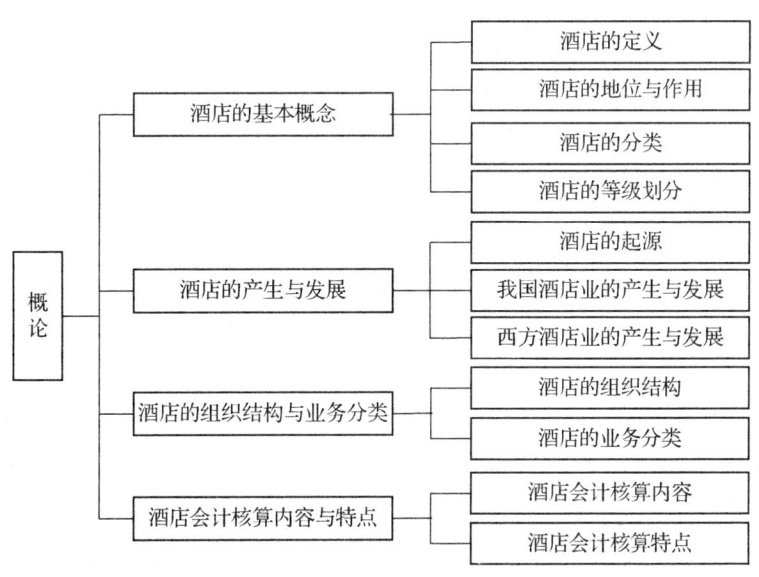

## 引入案例　希尔顿酒店的发展

希尔顿国际酒店集团,为总部设于英国的希尔顿集团公司旗下分支,拥有除美国外全球范围内"希尔顿"商标的使用权。希尔顿国际酒店集团经营管理着403家酒店,包括261家希尔顿酒店,142家面向中端市场的"斯堪的克"酒店,以及与总部设在北美的希尔顿酒店管理公司合资经营的、分布在12个国家的18家"康拉德"(亦称"港丽")酒店。它与希尔顿酒店管理公司组合的全球营销联盟,令世界范围内双方旗下酒店总数超过了2 700家,其中500多家酒店共同使用希尔顿的品牌。希尔顿国际酒店集团在全球80个国家内有着逾71 000名雇员。

1907年圣诞节,正当美国发生经济大恐慌,一个名叫康拉德·希尔顿、年龄只有20岁的孩子在美国新墨西哥州圣-安东尼奥镇堆满杂货的土坯房里开办了家庭式旅馆以应付生计并庆祝自己的生日,他还对母亲说:"我要集资100万美元,盖一座以我命名的新旅馆。"又指着报纸上一大堆地名说:"我要在这些地方都建起旅馆,一年开一家。"

1928年,也是圣诞节,时光过了21年,康拉德·希尔顿41岁生日这一天,所有这些梦想都一一实现了,并且速度大大超过预期。在达拉斯阿比林、韦科、马林、普莱恩维尤、圣安吉诺和拉伯克都相继建起了以他的名字命名的饭店——希尔顿饭店。

1949年,希尔顿国际公司从希尔顿饭店公司中拆分出来,成为一家独立的子公司。

1964年,希尔顿国际公司在纽约上市。

1967—1987年的20年中,希尔顿国际公司三次被收购,最后由前身为莱德布鲁克(Ladbrok)集团的希尔顿集团买下。

1988年,希尔顿国际公司进入中国市场。

2004年,希尔顿开休闲之先风,创新了希尔顿休息间。这种新型房间营造了独特的环境,顾客可以在其中恢复体力和精神,可调光的照明设备或明或暗,空气中散发着新鲜的水果味道和花香,有助于顾客的放松和休息。现在,连饭店工作人员的服装要求也大为放松,员工甚至可以穿着自己喜欢的衣服为客人服务。

2005年3月23日,希尔顿国际酒店集团透露,其最高端的、在全球仅有17家的超豪华酒店品牌康拉德将进入中国内地市场,首家酒店有望落户上海新天地区域。将进入上海的康拉德品牌是拥有舞台剧场娱乐功能的酒店,也将成为全球第18家康拉德酒店。

2006年元旦,上海金茂希尔顿大酒店开业。

2006年,2家希尔顿酒店在厦门和三亚落户,其中三亚希尔顿酒店是中国第一家希尔顿度假酒店。

那么,什么是酒店?酒店都有哪些分类?日常的星级酒店都是如何划分的?通过本章的学习,大家将了解酒店的基本概念、产生与发展及酒店会计的核算内容。

# 1.1 | 酒店的基本概念

## 1.1.1 酒店的定义

酒店(Hotel)起源于法语,是指富豪之门或官室之家所拥有的豪华宏伟的宅邸,是主人款待宾朋的地方。后来,英美等国家沿用了这一名词,来指所有商业性的住宿设施。在我国,由于地域和习惯上差异,一般有酒店、宾馆、饭店、度假村等不同的称呼。酒店的起源非常早,它是在古时候的"停驿""客舍""客栈"的基础上,随着人类的进步,社会经济的发展,科学文化技术和交通的发达而发展起来的。到了 20 世纪的近几十年来,酒店业才成为一种现代的产业,酒店是越来越繁华,越来越现代化,我国的酒店业则是随着改革开放而大规模兴起的。

酒店是指以大厦式或特定的建筑物为凭借,主要通过客房、餐饮、娱乐等设施及相关的多种服务项目向旅客提供服务的一种专门场所,换句话说酒店就是经政府批准的利用空间设备、设施场所和一定消费性物质资料,通过接待服务来满足宾客住宿、饮食、娱乐、购物、消遣需求,而取得经济效益和社会效益的经济实体。酒店应具备以下基本条件:

(1) 它是经政府有关部门批准依法(工商管理法规、公安治安管理条例、消防等)经营的主体。

(2) 它是由建筑物和装备好的设施组成的专门接待场所。

(3) 它必须提供住宿、餐饮和其他服务。

(4) 它的服务对象是公众。

(5) 它是商业性的,以盈利为目的。

### 1.1.2 酒店的地位与作用

现代社会,随着世界旅游业的发展和国际交往的增多,酒店业在国民经济中的地位日趋重要,在一些旅游业发达的国家,它已成为国民经济中的重要支柱,在整个国民经济中有着十分重要的作用。现代交通业的发达,如铁路、高速公路、航运等,使地球变"小"了,这就为人们外出旅游、探亲、文化交流、经商等旅行活动提供了极大的便利。人们外出要留宿、进餐、购物、娱乐,酒店正好提供这样的方便和服务,给他们以满足,酒店也因此成为广大旅行者的"家外之家",成为广大旅行者的生活基地。

**1. 酒店是旅游服务系统的重要组成部分**

酒店是旅行者在旅游目的地开展活动的基地,是旅游经营活动中必不可少的物质条件。酒店与旅行社、旅游交通是旅游业的三大支柱,一个国家有了丰富的旅游资源才能吸引旅游者,旅行社是旅游者从出发地到目的地的组织者和服务者,交通是实现旅游活动的重要工具和手段,酒店则是向旅游者提供基本生活服务保证的重要环节,诸要素互相联系,又互相促进,缺一不可。对酒店而言,它作为旅游业经营活动的基本必备设施,往往成为当地旅游业发展水平的标志之一。

**2. 酒店是创造旅游收入和吸取外汇的重要部门**

我国旅游业是赚取外汇的重要途径之一,而酒店收入占旅游收入的一半以上,酒店的服务项目越多,收入也就越多。发展酒店业对增加国家外汇收入,平衡外汇收支有着重大意义。

**3. 酒店是创造就业机会的重要部门**

酒店是一种劳动密集型的服务行业,酒店客房数量的增加,意味着需要更多的人来服务,也就是说可以直接提供更多的就业岗位,在一定程度上促进了社会就业。同时酒店又给酒店的相关行业,如建筑业、装修业、酒店设备及物品的生产和供应行业提供大量的就业机会。

**4. 酒店是对外宣传的重要场所**

酒店是所在城市、地区对外交往及社会交际活动的中心,也是各国人民互相往来的重要场所及对外开放的窗口,是所在地区经济、文化交流活动的场所,会刺激、促进和活跃当地社会的经济发展和文化交流,提高社会的文明程度。外宾进入我国后,最先接触的是酒店,酒店服务工作做得好,就可以让客人把美好的印象和难忘的友谊带到世界各个角落,酒店便成了人民互相交往,增进友谊的重要途径,对外起到了宣传橱窗的作用。

### 1.1.3　酒店的分类

由于历史的演变,传统的沿袭,地理位置与气候条件的差异,以及酒店用途、功能、设施的不同,世界上绝大多数国家都对酒店进行分类并评级,以利于酒店的市场营销和对经营结果好坏的比较。

**1. 按酒店用途及接待对象分类**

1) 商务型酒店

它主要以接待从事商务活动的客人为主,是为商务活动服务的。这类客人对酒店的地理位置要求较高,要求酒店靠近城区或商业中心区。其客流量一般不受季节的影响而产生大的变化。商务型酒店的设施设备齐全、服务功能较为完善,交通及通信便利,通常设有商务中心、各类会议室、会厅等,还设有行政楼层和行政套房等。

2) 度假型酒店

它以接待休假的客人为主,多兴建在海滨、温泉、风景区附近。度假型酒店要求有较完善的娱乐项目及设施设备,如滑雪、滑冰、游泳、潜水、冲浪、狩猎、垂钓、高尔夫球、网球等,这类酒店以其所在地区的特色活动来吸引客人且受季节影响较大。

3) 长住型酒店

它为租居者提供较长时间的食宿服务。此类酒店客房多采取家庭式结构,以套房为主,房间大者可供一个家庭使用,小者有仅供一人使用的单人房间。它既提供一般酒店的服务,又提供一般家庭的服务。

4) 会议型酒店

它是以接待会议旅客为主的酒店,除食宿娱乐外还为会议代表提供接送站、会议资料打印、录像摄像、旅游等服务。它要求有较为完善的会议服务设施(大小会议室、同声传译设备、投影仪等)和功能齐全的娱乐设施。

5) 观光型酒店

它主要为观光旅游者服务,多建造在旅游点。其经营特点不仅要满足旅游者食住的需要,还要有公共服务设施,以满足旅游者休息、娱乐、购物的综合需要,使旅游生活丰富多彩,得到精神上和物质上的享受。

6) 经济型酒店

经济型酒店多为旅游出差者预备,其价格低廉,服务方便快捷。其特点可以说是快来快去,总体节奏较快,实现住宿者和商家互利的模式。

7）连锁酒店

连锁酒店可以说是经济型酒店的精品,诸如"如家"等知名品牌酒店,占有的市场份额也是越来越大。

8）公寓式酒店

简单地说,公寓式酒店就是设置于酒店内部,以公寓形式存在的酒店套房。这种套房的显著特点在于:其一,它类似于公寓,有居家的格局和良好的居住功能,有厅、卧室、厨房和卫生间;其二,它配有全套家具与家电,能够为客人提供酒店的专业服务,如室内打扫、床单更换及一些商务服务等。公寓式酒店既有公寓的私密性和居住氛围,又有高档酒店的良好环境和专业服务。因此,公寓式酒店一出现,就吸引了一批消费者的广泛关注和欢迎。

**2. 按酒店建筑规模分类**

目前,旅游行政部门对酒店的规模还没有一个统一的划分标准。较通行的分类方法是以客房和床位的数量进行划分。

（1）超大型酒店:2 000间客房以上。

（2）大型酒店:1 000间客房以上。

（3）中大型酒店:500～1 000间客房。

（4）中型酒店:200～500间客房。

（5）小型酒店:50～200间客房。

## 1.1.4　酒店的等级划分

酒店的等级是指各国政府或权威机构根据酒店的建筑、设施、清洁卫生、服务质量等标准,将酒店划分为不同的等级,以不同的标识加以表示,并在饭店的显著位置上公之于众。其目的为:便于不同层次的客人选择适合自己要求的酒店,便于行业的管理和监督,有利于酒店业自身的发展,有利于增强员工的责任感、荣誉感和自豪感。

**1. 星级表示法**

酒店的星级是对其建筑、装潢、设备、设施条件和维修保养状况,管理水平和服务质量的高低,服务项目的多少,进行全面考察,综合评价后以星号表示的等级,星号越多等级越高。

世界上酒店等级的评定多采用星级制,我国是根据《中华人民共和国旅游涉外酒店星级标准》,按一星、二星、三星、四星、五星来划分酒店等级的。

一星酒店。其设备简单,具备食、宿两个最基本功能,能满足客人最简单的旅行需要,提供基本的服务,属于经济等级,适合经济能力较差的旅游者的需要。

二星酒店。其设备一般,除具备客房、餐厅等基本设备外,还有卖品部、邮电、理发等综合服务设施,服务质量较好,属于一般旅行等级,满足旅游者的中下等的需要。

三星酒店。其设备齐全,不仅提供食、宿,还有会议室、游艺厅、酒吧间、咖啡厅、美容室等综合服务设施。每间客房面积约20平方米,家具齐全,并有电冰箱、彩色电视机等。其服务质量较好,收费标准较高,能满足中产以上旅游者的需要。这种属于中等水平的酒店在国际上最受欢迎,数量较多。

四星酒店。其设备豪华,综合服务设施完善,服务项目多,服务质量优良,讲究室内环境艺术,提供优质服务。客人不仅能够得到高级的物质享受,也能得到很好的精神享受。这种酒店在国际上通常称为一流水平的酒店,收费一般很高。它主要是满足经济地位较高的上层旅游者和公费旅行者的需要。

五星(或四星豪华)酒店。这是旅游酒店的最高等级。设备十分豪华,设施更加完善,除了房间设施豪华外,服务设施齐全,各种各样的餐厅,较大规模的宴会厅、会议厅、综合服务比较齐全,是社交、会议、娱乐、购物、消遣、保健等活动中心。它的环境优美,服务质量要求很高,是一个亲切快意的小社会。它的收费标准很高,主要是满足上层资产阶级、政府官员、社会名流、大企业公司的管理人员、工程技术人员、参加国际会议的官员、专家、学者的需要。

**2. 字母表示法**

有些国家和地区将酒店的等级用字母 A,B,C,D,E 来表示。A 为最高级,E 为最低级。如希腊、奥地利等国。

**3. 数字表示法**

有些国家和地区将酒店的等级用数字 1,2,3,4,5 来表示。1 为最高级,5 为最低级。如意大利、阿尔及利亚等国。

# 1.2 | 酒店的产生与发展

## 1.2.1 酒店的起源

酒店始于古代,当时,或是由于生产力低下,人们每天都要为生存而忙于觅食,找寻居所防避猛兽;或是因为天气之变化而需迁徙;或是为了朝圣而千里跋涉。不管何种原因,所有这些都离不开吃和住,人们都需满足最基本的生存需要。在人类社会尚未发明货币时,没有旅馆的存在,人们外出比较容易找到借宿和吃饭的地方,而且是免费招待。

随着商品生产的出现,商人的旅行导致了酒店最早雏形——客栈的产生。后来,由于商品生产的发展,商品交换刺激了人们的贸易和旅游活动,酒店也就在此基础上得到了相当的发展。

## 1.2.2 我国酒店业的产生与发展

我国是世界上最早出现酒店的国家之一。殷商时代的驿站,就是我国最早的外出住宿设施。周王朝时出现的馆舍由专人管理,代供各种官司客沿途食宿。其中"侯馆"的规模比较大,相当于现在的宾馆或高级招待所,而当时接待一般旅客的旅馆泛称为"逆旅"。秦汉、魏晋时代,也都有专门提供食宿和服务的设施。

到了唐代,经济和对外贸易的发展,人口的增长,使酒店业有较快的发展。当时首都长安等大城市有不同等级和性质的酒店供各阶层人士居住,还有专门接待外宾的"四方馆"

等。在唐宋和元朝时代,许多主要城市和口岸也出现了专门接待外国客商的酒店。当时威尼斯著名的旅行家马可·波罗在游历了元大都(北京)之后写道:"有许多美丽的客栈,给商民居住。"明朝时代的北京设有"会同馆",以接待外国使臣和国内各兄弟民族的代表。

现代酒店在我国的出现,只不过是近百年的事。鸦片战争之后,帝国主义的入侵,外商的大量涌入,他们在我国大、中口岸城市相继建起了许多规模较大和设备豪华的酒店,并设有餐厅和酒吧。这些酒店,在南方称大酒店,在北方称大饭店,是专为帝国主义官商和达官贵人服务的。如北京的六国饭店、北京饭店,天津的利顺德饭店,上海的礼查饭店,广州的万国酒店等。1927年后,在北京、上海、西安、青岛等大城市和风景区,都兴办了一批专门接待中外旅游者的招待所,除提供食宿和服务外,还设有浴室、理发室、游艺室等附属设施。与此同时,我国的一些沿海口岸城市,如上海、天津、广州也都相继建起了一批高层的现代化旅游酒店。如上海的国际饭店、广州的爱群酒店,这些酒店在当时的东南亚也是比较著名的。

中华人民共和国成立后,尤其是通过1956年的社会主义改造高潮,酒店在企业性质、职业地位、服务对象等方面都发生了根本的变化。这期间,原有的老饭店不仅得到了改造,一批新宾馆、酒店也逐步建立起来,这些酒店一般都建于全国各省的省会城市和风景游览胜地,承担着接待外宾的任务。这段时期可以说是中华人民共和国成立后我国酒店发展史上的一个重要时期。

党的十一届三中全会以后(即1978年以后),我国实行对外开放政策,促进了我国旅游业的发展,我国的酒店业也进入了一个新的发展时期。其主要表现如下:

(1)老饭店不仅更新和增添了设备,而且在服务质量和管理水平上有了显著的提高和改进。职工素质得到提高,经营手段有了改进,实现了较好的经济效益。

(2)为适应旅游业的发展,我国采取了国家投资、地方集资和中外合资等多种投资形式,兴建了一批规模宏大、设备先进的四、五星级酒店,并实行现代化的科学管理。像北京的长城饭店、南京的金陵饭店、广州的白天鹅宾馆、中国大酒店等。

(3)许多新酒店的设计和构造具有浓郁的民族特色,体现了中国式的园林艺术和风格。如北京的香山饭店、河北的涿县桃园饭店、广东的中山温泉宾馆等。

(4)最为重要的是改革开放后,我国的酒店都走上了自负盈亏的企业化道路。

### 1.2.3　西方酒店业的产生与发展

据史料记载,酒店的雏形——客栈,大约在古希腊和罗马时代就已经存在了,但真正大批兴建和进行管理的酒店,直到19世纪才开始兴起。国外酒店业从最早的驿站、客栈、旅店到现代化的大酒店、国际连锁酒店公司,大体经历了四个发展时期。

**1. 客栈时期**

这是酒店最早的雏形,设备极其简单,只能向旅游者提供最基本的住宿服务,规模较小,价格低廉。

**2. 大酒店时期**

在19世纪的欧洲,随着上层社会极为奢侈的生活方式的蔓延,专为王室、贵族、大资产阶级服务的豪华酒店应运而生。以法国的"巴黎大饭店"为代表,这些酒店规模宏大,建筑别致,设备豪华,餐食精美,讲究礼节,服务周到,能尽可能地满足宾客的各种需要,价格昂贵,是专为上层富有的显贵和特权阶层服务的。

**3. 商务酒店时期**

20世纪初期,随着世界经济的发展,新市场的开辟,导致了商务旅游的急剧增长。商务酒店的特点是提供完善的设备和设施,进行优良的服务,使旅游者感到舒适、方便、清洁、安全,而价格便宜合理。这些酒店主要是为商人和旅游者服务的,美国人斯塔特勒在布法罗建造的一家300间客房的"斯塔特勒饭店"是其代表。该酒店应用科学的管理方法,实现了成本低、效益高的经济效果。此酒店的出现标志着酒店业进入了一个新的历史时期。

**4. 新型酒店时期**

随着世界经济的发展和新技术的应用,特别是由于汽车的普及和喷气式客机的出现,加速了酒店业的发展和变化。新型酒店时期也称连锁酒店阶段。所谓连锁酒店就是几十、几百家酒店同用一个名称,在酒店的设备设施、服务水平、经营管理等主要方面都有统一的规格标准。这些公司在国内兴起,继而扩展到国外。美国是世界上实行酒店联号管理最早、最大和最多的国家。最著名的假日酒店、希尔顿酒店、喜来登酒店等酒店集团在世界各国都拥有几万间以上的客房。

# 1.3 | 酒店的组织结构与业务分类

## 1.3.1 酒店的组织结构

虽然各酒店的规模和经营管理方式有所不同,但基本的部门和机构不会有很大差别,一般应设置如图1-1所示的几个部门。

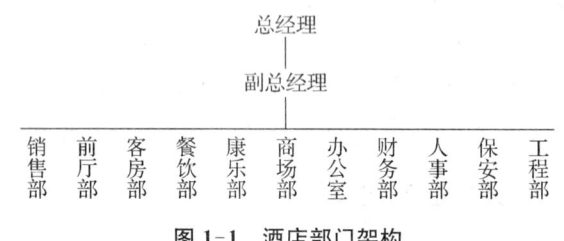

**图1-1 酒店部门架构**

以上架构仅仅为酒店运作的一个基本轮廓,许多酒店根据需要还设置了其他部门。在上述部门中,前6个部门属于营业部门,后5个部门属于职能部门。

## 1.3.2 酒店的业务分类

酒店各部门应根据酒店的经营目标,明确各自的业务内容,协调各种关系,促进酒店经营目标的实现。各部门具体业务内容如下。

**1. 销售部**

销售部负责酒店客源市场的开发,与政府各单位、社会各商社及旅游代理机构和旅行社建立良好的公共关系,负责酒店客房、餐饮及各项营业项目的宣传和推销工作,以及酒店各项销售计划的策划和实施,完成酒店下达的各项销售指标,以保证酒店的经济效益。

**2. 前厅部**

前厅部负责酒店宾客的入住登记、运送行李、投诉等事宜,主要由大堂经理、前台接待、问讯及礼宾部等附属部门构成。

**3. 客房部**

客房部负责酒店住客的接待和服务,客房及其相关业务的管理和控制,主要由洗衣部、布巾制服部、PA(公共区域保洁员)、楼层等附属部门构成。

**4. 餐饮部**

餐饮部是酒店向客人提供各种餐饮服务的部门,主要分为中餐、西餐两大类别,在中餐类别中有风味餐厅、宴会厅等;西餐则由咖啡厅、酒吧、扒房等组成。

**5. 康乐部**

康乐部是向客人提供各种娱乐服务的部门,因各酒店的规模和星级不同,其服务项目也有所不同。一般的酒店都设有歌舞厅、游艺室、保龄球、桌球、游泳池、健身室、保健中心、按摩中心、美容美发、桑拿浴等设施,高星级的酒店还设有网球场和小型高尔夫球场等。

**6. 商场部**

商场部是向客人提供商品销售服务的部门,提供商品范围至少包括日常用品、食品、文化用品、地方工艺品等。

**7. 办公室**

办公室是酒店总经理室的办事机构,主要任务是根据总经理的要求起草有关报告、文件、会议记录、审查各部门呈送给总经理室的报告并提出建议,上呈下达,安排总经理室召集的有关会议和其他活动,接待来访人员,协调与政府有关单位和部门的关系,负责酒店有关文件或资料的收发传阅、保管和装订、归档等工作。

**8. 财务部**

财务部是酒店的经济运行职能部门,它的主要任务是根据国家的财政经济政策和董事会批准的财务制度,结合酒店实际情况,制定本酒店的财务管理规章和工作程序,对酒店的经营活动起着保障、服务和监督、控制的作用,以促进酒店的社会效益和经济效益。

**9. 人事部**

其主要任务是贯彻执行国家的劳动人事法规和制度,开发酒店的人力资源,根据酒店发展和经营的需要,确定和调整酒店的机构和人员配备,对酒店的人事工作进行有效的管理、控制和培训。人事部还负责招收招聘新员工,加强酒店的定编管理,建立健全劳动工资、员工考核、晋升、聘任、奖惩、劳保及福利等各项管理制度并督导、贯彻执行。

**10. 保安部**

保安部是负责酒店安全、维护酒店正常秩序的一个职能部门。它的主要任务是配合酒店各个部门保卫酒店和宾客人身、财产安全,开展防火、防盗、防灾害的事故工作,保障酒店的正常运转。

### 11. 工程部

工程部是酒店硬件设施的管理、维修和运行保障的部门。它的主要任务是对酒店各种机械电气设备、各项建筑装潢设施进行日常维修保养和预防性维护,以保证酒店正常运转。同时,工程部还承担对酒店建筑、装潢工程的扩建、改造和更新的任务。

# 1.4 | 酒店会计核算内容与特点

## 1.4.1 酒店会计核算内容

酒店会计同其他企业会计一样,核算的内容包括资产、负债、所有者权益、收入、费用和利润,但酒店会计核算又有其独特的内容。酒店的营业部门主要包括客房部、餐饮部、康乐部和商场部等部门,而每个部门的核算内容和侧重点又不一样,各部门的具体核算内容如下。

**1. 客房部的主要核算内容**

客房部是酒店收入的主要部分,它主要核算房金、加床、电话、洗衣以及物料用品和一次性物品的消耗。

**2. 餐饮部的主要核算内容**

餐饮部主要核算餐饮收入与成本(如房客的早餐、午餐和晚餐,以及宴会用餐和包场等)、原材料成本(如原材料采购、入库、保管、领用和出售等)等。

**3. 康乐部的主要核算内容**

康乐部核算的内容比较复杂,主要包括歌舞厅、蒸汽浴、电子游戏室、酒吧等的核算。

**4. 商场的主要核算内容**

有的酒店会下设商场,由酒店自行经营或租赁给其他人员经营。商场主要核算商品的购进、销售或进行委托代销商品的核算。

## 1.4.2 酒店会计核算特点

酒店会计是对酒店在经营活动中发生的经济业务进行核算和监督的一门行业会计。作为企业会计之一的酒店会计按照国家统一制定的《企业会计准则》进行会计核算,其会计核算的方法、会计循环的程序和会计报表的格式、编制等都与其他企业会计没有根本性的差别。但是,由于酒店会计经营活动的方式和内容有别于其他企业,所以,酒店会计核算有其自身的特点。酒店会计的基本特点主要反映在以下几个方面。

**1. 根据经营业务的特点,采用不同的会计核算方法**

酒店企业除了以服务为中心外,还有商品的加工和销售。这样,酒店企业就具有生产、销售和服务三种职能。因此,酒店企业进行会计核算时,就需要根据经营业务的特点,采用不同的会计核算方法。

如餐饮业务,需要加工烹制菜肴和食品,这具有工业企业的性质;将菜肴和食品供应给消费者,这又具有商品流通企业的性质;同时,为消费者提供消费设施、场所和服务,这又具有服务业的性质。但这种生产、销售和服务是在很短的时间内完成的,并且菜肴和食品的花色品种多、数量零星,因此不可能像工业企业那样区分产品,分别计算其总成本和单位成本,而只计算菜肴和食品的总成本;销售业务则采用商品流通企业的核算方法;而纯服务性质的经营业务,如客房娱乐、美容美发的业务,一般只发生服务费用,因此应采用服务企业的核算方法。

**2. 根据经营业务的内容,分别考核经营成果**

酒店业是一个综合性社会服务行业。为了充分满足旅客吃、住、行、游、购、娱等方面的要求,一些中高档酒店一般为旅客提供全方位、综合性的服务项目。例如,一些酒店的经营业务不仅有客房、餐饮服务,还涉及商务、销售、美容、娱乐、健身、导游及交通等多个领域。又如,有些酒店既经营自制食品,又经营外购食品。这种涉及面广、业务内容复杂的情形反映到会计核算上,就要求分别考核各类经营业务的经营成果,分别核算和监督各项经营业务的收入、成本和费用情况,最后加以汇总。

**3. 现金结算方式多,需要采用相应的核算方法和管理制度**

酒店日常收入的结算以现金结算为主,尤其是现钞结算。随着现代科技的发展,银行卡、信用卡、微信、支付宝等结算方式也已十分普及。在现金结算方式多种多样的同时,也存在着一定的风险,因此,酒店企业的会计部门应采取相应的核算方法和管理制度。

**4. 酒店会计核算的涉外性**

随着我国改革开放政策的实施,有相当多的酒店有外汇货币收入。在会计核算时,酒店应按照国家外汇管理条例和外汇兑换的管理办法,办理外汇存入、转出和结算的业务,计算汇兑损益。

## 重 要 概 念

酒店　商务型酒店　度假型酒店　长住型酒店　会议型酒店　观光型酒店　经济型酒店　连锁酒店　星级表示法　字母表示法　数字表示法　酒店会计

## 思 考 题

1. 酒店应具备哪些条件?
2. 酒店都有哪些分类?
3. 酒店都有哪些等级划分标准?
4. 酒店会计的核算内容有哪些?
5. 酒店会计的核算特点有哪些?

# 第 2 章  酒店资产、负债、所有者权益的会计核算

## 内容提要

本章主要讲解了酒店货币资金、应收账款、存货、职工薪酬、应付账款、投入资本以及利润形成与分配的核算。

## 重点难点

本章重点为酒店收款方式和形式,备用金业务的核算,现金和银行存款清查业务的核算;酒店应收账款的控制,酒店坏账准备的核算;酒店存货的管理,酒店燃料、物料用品、包装物和低值易耗品的核算;酒店职工薪酬的核算;酒店利润的形成与分配的核算。

## 学习目标

通过本章学习,学生应熟悉酒店收款方式和形式,酒店存货的管理,酒店应收账款的控制,酒店申办开业的手续;掌握备用金业务的核算,现金和银行存款清查业务的核算,酒店坏账准备的核算,酒店燃料、物料用品、包装物和低值易耗品的核算;熟悉酒店职工薪酬的核算,酒店投入资本的核算,酒店利润形成及分配的核算。

## 知识框架

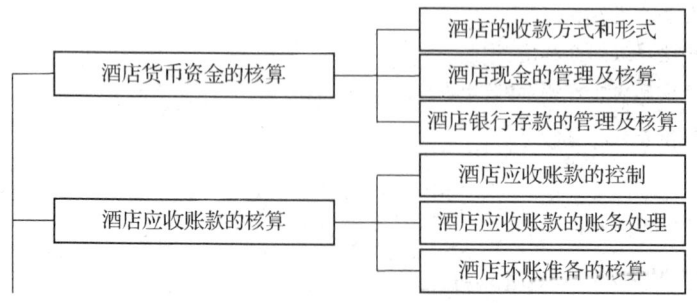

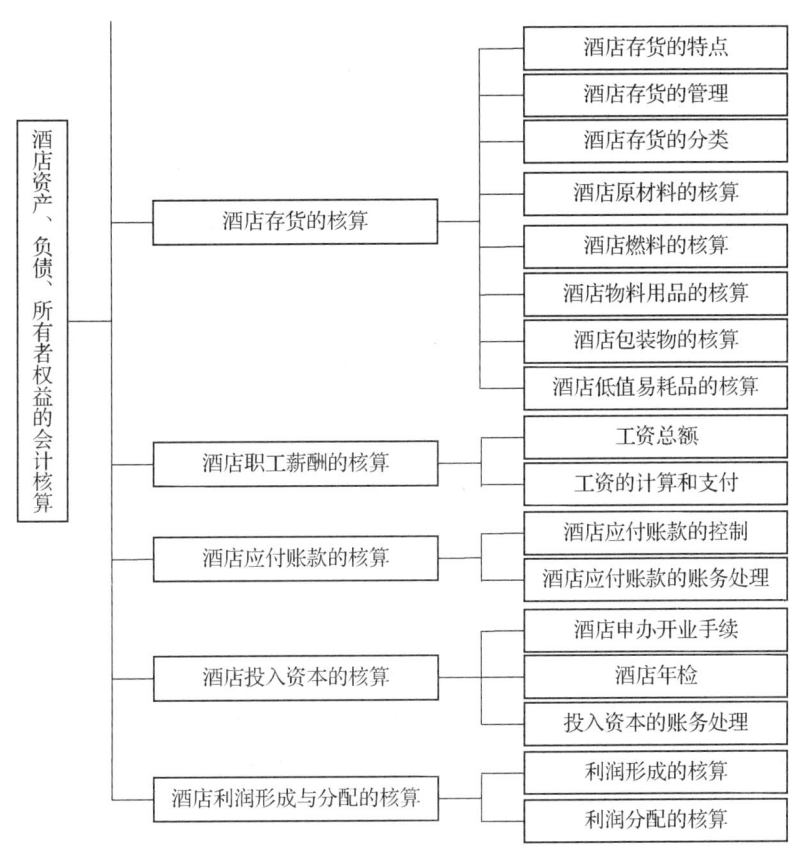

## 引入案例　酒店购入存货时应如何结算

振华酒店为某市一家高档层次的酒店,该酒店主要设有餐饮部、客房部和商场部。振华酒店对外采购商品或原材料时,对鸡鸭肉禽、调味品等,采用现金采购,而对消耗量大、不易久存的鲜鸡蛋、啤酒、大米、食用油等则采用厂家送货上门、定期结账的方式。其中,大米、食用油与半球粮油行签订供应合同,采用电话报要货量、送货上门、验收签字、月底集中付款的方式;啤酒与大地啤酒厂签订合同,采用电话报要货量、送货上门、验收签字、收货交还周转箱和空瓶、预先支付包装物押金、月底结账并集中付款结算的方式;鲜鸡蛋与得月养殖场签订合同,采用电话报要货量、送货上门、验收签字、月底集中付款结算的方式。

振华酒店对大米、食用油、啤酒以及鲜鸡蛋的采购采用了什么样的结算方式?原因是什么?酒店应如何控制这种结算方式给企业带来的风险?通过本章的学习,这一系列问题将得到解答。

# 2.1 | 酒店货币资金的核算

## 2.1.1 酒店的收款方式和形式

酒店应从收款方式和收款形式两方面着手建立一个有效的收银系统,这是酒店对货币资金管理的起点。

### 1. 收款方式

酒店的收款方式主要有两种,收银机收款和人工收款。

1）收银机收款

收银机收款用于记录收到的营业收入款。当发生经营收入时,将登记单或点菜单上的数字键入收银机,收银机可以计算每张单据的合计数、应收数、找零数,同时自动将上述资料进行记录和保存。收银机同时设有钱柜,可保存收到的营业款现金。营业结束后,所记录的营业款收到数应等于实收的现金数,在公司负责人未做清盘归零前,收银机上的数字是不能消除掉的。

2）人工收款

人工收款不是靠收银机而是靠人工记录收到的营业收入款。酒店餐饮部设置点菜单和收银记录卡,客房部设置住店登记簿(单)和收银记录卡,当填写了点菜单或住宿单时,按实收的钱数登记在收银记录卡上,这样,点菜单或住宿单每日汇总后收银记录卡上记录的现金应与实际收到的现金数相等。

**2. 收款形式**

1）现金收入

酒店每日发生的,绝大多数都是现金收入,包括顾客通过使用银行卡支付的款项。因而把每天收到的现金数,记录正确并清点无差错时就可以汇总作为当天的营业收入记录。

2）支票收入

目前酒店收到支票的情况也越来越多,许多企业提取现金不方便就只能开支票结账。有时也会有机关团体因为酒店的经营特色前来消费,这时也会使用支票结账。酒店接受支票收款的时候,要对支票进行认真鉴定,以防差错。

**延伸阅读2-1**

### 酒店对支票的使用和管理

酒店收取支票后,应尽快将支票送到银行入账,这个行为称为进账,进账时需填写进账单(进账单在开户行购买)。其进账方式有顺转和逆转两种。其中,顺转是指将支票交到开出支票的银行,由开出支票的银行将款项划拨到收款银行。而逆转是指企业将支票交到自己的开户银行,委托开户行到开出支票的银行收款。两种入账方式相比,由于顺转时支票交到开出支票的银行便可以迅速知道支票上有无足够金额,所以入账时酒店最好选择去支票开户行顺转。

银行进账单是持支票到银行办理进账手续的凭证。进账单的虚线左端绿色部分称为回单,是银行收进支票后盖上银行章后退还企业用以记账的部分。如果顺转,收到回单即表示货款已划出。如果逆转,则要等两天左右才能知道货款是否真正划拨到账。进账单虚线右半部分"持票人"一栏填写本公司资料(名称、开户行、账号),"出票人"一栏填开支票方资料(名称、开户行、账号)。

### 2.1.2　酒店现金的管理及核算

**1. 酒店现金的管理**

与一般企业相比,酒店现金往往较多。现金是企业流动性最强的一项资产,为保障货币资金的安全,酒店应加强对现金的管理,建立和健全现金内部管理制度。现金的内部管理制度一般包括:钱账分管制度、现金开支审批制度、日清月结制度、现金清查制度、现金保管制度、保险柜的配备使用制度等几个方面的内容。酒店应在严格遵守国家相关财务制度和规范的基础上,结合自身实际情况制定具体的现金管理制度。

**2. 酒店现金的日常核算**

1) 现金清查的核算

为了及时发现现金收付差错,如实反映现金余额,防止贪污挪用行为的发生,酒店应当定期或不定期地对现金进行清查。清查的方法主要是采用实地盘点的方法,核对现金的账面金额与盘点的实有数额是否一致。

现金的清查包括出纳人员的定期或不定期清查和清查小组的突击清查。出纳人员应当每日清点现金,发现现金短缺或溢余时,应及时查明原因进行处理。清查小组对企业现金进行突击检查时,出纳人员应该在场。清查中发现用借条、白条等不合法的凭证抵充现金时,应按规定处理。清查结束后,应根据清查结果,填写现金盘点报告单(见表2-1),并据以进行账务处理。

表2-1 现金盘点报告单

单位名称: 年 月 日

| 实存金额 | 账存金额 | 实存与账存对比 | |
|---|---|---|---|
| | | 盘盈 | 盘亏 |
| | | | |
| 盘点结果及要点报告 | | | |
| 异常及建议事项 | | | |

盘点人签章: 出纳员签章: 财务部经理签章: 总经理签章:

根据现金盘点报告单,对于发现的现金溢余(实有数大于账存数)及现金短缺(实有数小于账存数)情况,酒店应及时编制收付款凭证,反映库存现金的实有数额。对于现金清查的结果,酒店也应及时查明原因,进行处理。酒店对于现金清查业务的会计核算,如表2-2所示。

表2-2 现金清查的核算

| 情形 | 现金盘盈 | 现金盘亏 |
|---|---|---|
| 报经批准前 | 借:库存现金<br>　　贷:待处理财产损溢 | 借:待处理财产损溢<br>　　贷:库存现金 |
| 报经批准后 | 借:待处理财产损溢<br>　　贷:其他应付款【应支付给有关人员或单位】<br>　　　营业外收入【无法查明原因】 | 借:其他应收款【责任人或保险公司应赔偿的部分】<br>　　管理费用　【无法查明原因】<br>　　贷:待处理财产损溢 |

2) 备用金的核算

备用金是酒店拨付给所属有关部门或个人用于日常零星开支、零星采购或找零等方面所必需的周转资金。备用金的收付,属于现金收付的范围,在使用和管理上与现金业务相同。拨付备用金必须明确使用范围,建立领用、保管和报销制度,并由专人管理。备用金有定额管理和非定额管理两种方法。

酒店备用金的定额管理是指按用款部门实际需要,核定定额,并据以拨付现金。用款部门按规定开支范围支出备用金后,凭有关支出凭证向会计部门报销,会计部门如数付给现金,以补足事先核定的定额。这种方法主要适用于有关部门的日常零星开支和营业部门找零的备用金管理。定额备用金的核算如表2-3所示。

表2-3　　　　　　　　　　　　　　　　定额备用金的核算

| ① 拨付定额备用金 | 借:备用金<br>　贷:库存现金 |
|---|---|
| ② 报销补足定额 | 借:管理费用等<br>　贷:库存现金 |
| ③ 年终清理或注销定额备用金 | 借:管理费用等　【用款部门实际已花费】<br>　库存现金　【用款部门尚未花费】<br>　贷:备用金 |

酒店备用金的非定额管理,是用款部门根据实际需要向会计部门申请领取备用金,领取后凭有关支出凭证报销,会计部门作减少其备用金处理。如再需要,则另行办理领款手续。这种方法适用于预支差旅费等备用金的管理。非定额备用金的核算如表2-4所示。

表2-4　　　　　　　　　　　　　　　　非定额备用金的核算

| ① 预借款 | 借:其他应收款<br>　贷:库存现金 | |
|---|---|---|
| ② 报销 | 报销——多退:<br>借:管理费用等<br>　库存现金<br>　贷:其他应收款 | 报销——少补:<br>借:管理费用等<br>　贷:其他应收款<br>　库存现金 |

### 2.1.3　酒店银行存款的管理及核算

**1. 开立银行账户**

按照国家工商行政管理局的规定,凡是经申请正式注册的企业,不论其规模大小,企业性质如何,都应在就近的银行开立结算账户,填写《单位开户书》。一般而言,选择开户银行以就近为好,因为各银行的服务并无太大差异。

到银行开户应具备的资料有:营业执照正本、授权代表人证明、办妥的企业代码证书、企业公章、财务章、法人代表章和财务人员私章。

在办妥银行开户手续后,可购买支票和进账单,用于支付货款和收取货款。常见付款的形式有支票和汇票,其中支票一般用于在本地进货,而汇票一般用于支付外地的购货款。

一般企业可以根据需要在银行开立四种账户,包括基本存款账户、一般存款账户、临时存款账户和专用存款账户。酒店通常会开立基本存款账户和一般存款账户。酒店只能选择一家银行的一个营业机构开立一个基本存款账户,基本存款账户的数量是唯一的,该账户的主要用途是办理日常转账结算和现金收付。酒店的工资、奖金等现金的支取,只能通过基本存款账户办理。酒店还可同时在其他银行的营业机构开设一般存款账户,一般存款账户的数量可以是多个,但不得在同一家银行的几个营业机构同时开立一般存款账户。一般存款账户可办理转账结算和存入现金,但不能支取现金。

📁 延伸阅读2-2

### 酒店的现金管理制度

酒店对现金的管理与一般企业对现金的管理略有不同,根据财政部《会计基础工作规范》和酒店有关财务制度,酒店的现金管理制度如下:

(1) 酒店会计部门要严格按照国家有关现金和银行结算制度,酒店有关财务制度办理现金、银行收支业务。

(2) 酒店业务收入现金、银行支票要及时存入银行所开设的账户,不得坐支现金。

(3) 酒店经营业务支出,原则上凡金额在5 000元以上的,一律使用银行支票,有特殊情况经总经理审核后,方可支付现金。

(4) 现金数额不得超过3天的日常周转及报销限额,超过限额的部分要及时存入银行。

(5) 现金要做到日清月结,账实相符,不得以"白条"抵充现金,更不得挪用现金。

(6) 签发银行转账支票要建立支票领用登记手续,及时清理注销。

(7) 不准擅自租借银行账号给任何单位和个人办理结算业务,不得签发空头支票。

(8) 现金、银行存款日记账每月与总账、银行对账单核对,并编制银行存款余额调节表。

**2. 银行存款清查的核算**

银行存款的清查是将企业银行存款日记账与银行提供的对账单进行核对。企业要定期对银行存款清查,每月至少进行一次。核对内容包括每笔收付款凭证编号、种类、收付金额和某日终止的存款余额。双方的存款余额如果不一致,必须逐笔查明原因,进行处理,并按月编制银行存款余额调节表,调节相符。

造成双方银行存款金额不一致的原因有两个:其一是企业或银行一方或双方的记账错误;其二就是未达账项。所谓的未达账项是指由于企业与银行双方结算凭证在传递过程中存在时间差,从而导致一方收到结算凭证已入账,而另一方由于尚未收到结算凭证而未入账的款项。未达账项是银行存款收付结算业务的正常现象。未达账项主要包括以下四种情形:

(1) 银行已收,企业未收,如异地电汇、委托收款。

(2) 银行已付,企业未付,如对方办理的托收承付。

(3) 企业已收,银行未收,如企业收到外单位的转账支票送交银行,但开户行尚未办理入账手续。

(4) 企业已付,银行未付,如企业开出当月的转账支票,但持票人尚未到银行办理转账手续。

银行存款余额调节表有多种编制方法,会计实务中一般采用"补记式"余额调节法。其基本原理是,假设未达账项全部入账,银行存款日记账及银行对账单的余额应当相等。其具体编制方法是在双方现有余额的基础上,各自加上对方已收、本方未收的账项,减去对方已付,本方未付的账项,计算调节双方应有余额。用公式表示如下:

$$\begin{array}{c}银行存款日\\记账余额\end{array} + \begin{array}{c}银行已收、\\企业未收账项\end{array} - \begin{array}{c}银行已付、\\企业未付账项\end{array} = \begin{array}{c}银行对账\\单余额\end{array} + \begin{array}{c}企业已收、银行\\未收账项\end{array} - \begin{array}{c}企业已付、\\银行未付账项\end{array}$$

**【例 2-1】** 琴岛大酒店 2×19 年 12 月 31 日银行存款日记账的余额为 540 000 元,银行转来对账单的余额为 830 000 元。经逐笔核对,发现以下未达账项:

(1) 酒店送存转账支票 600 000 元,并已登记银行存款增加,但银行尚未记账。

(2) 酒店开出转账支票 450 000 元,并已登记银行存款减少,但持票单位尚未到银行办理转账,银行尚未记账。

(3) 酒店委托银行代收某公司购货款 480 000 元,银行已收妥并登记入账,但酒店未收到收款通知,尚未记账。

(4) 银行代酒店支付电话费 40 000 元,银行已登记减少酒店银行存款,但酒店未收到银行付款通知,尚未记账。

计算结果如表 2-5 所示。

表 2-5 　　　　　　　　　　　　　　　**银行存款余额调节表**

户名:琴岛大酒店　　　　　　　　　　　2×19 年 12 月 31 日

| 项目 | 金额 | 项目 | 金额 |
|---|---|---|---|
| 企业银行存款日记账余额 | 540 000 | 银行对账单余额 | 830 000 |
| 加:银行已收、企业未收 | 480 000 | 加:企业已收、银行未收款 | 600 000 |
| 减:银行已付、企业未付 | 40 000 | 减:企业已付、银行未付 | 450 000 |
| 调节后的存款余额 | 980 000 | 调节后的存款余额 | 980 000 |

需要说明的是,银行存款余额调节表只是为了核对账目,不能作为调整银行存款账面余额的记账依据。另外,经过调整后得出的相等数额,在双方记账无误的情况下,表示企业在银行的实际存款额,即可以动用的银行存款余额。

# 2.2 酒店应收账款的核算

## 2.2.1 酒店应收账款的控制

酒店在正常的经营业务中并不希望产生应收账款的业务,应收账款一方面导致现金被占用,使流动资金紧张,资金周转不灵,严重时会引发财务危机;另一方面应收账款的收回成本高,难度大,存在无法收回的风险。所以,企业一旦产生应收账款,一般就会有可能出现坏账。

酒店在经营过程中,对应收账款的控制要遵循两个原则:一是尽量采用现金结算,避免签单结算。为吸引消费者采用现金结算,酒店可给予一定的优惠和折扣。二是实在不能避免签单结算时,酒店要有保障手段,如了解签单方是否有结算能力,签单方的还款信誉如何,签单手续是否健全。对无交易记录的客户,一般拒绝签单,以保障酒店的财产安全。

例如,酒店可以对提出签单结算方式的单位作出企业信誉、还款能力等方面的调查,然后依据调查结果分情况处理:对企业信誉高,还款能力强的客户,允许采用签单结算方式;而对于其他不符合条件但提出签单要求的客户,可向其推出贵宾卡,享受一定的现金结算优惠。这样,既能保证流动资金不会被长期占用,又可减少催收欠款的成本。

### 2.2.2 酒店应收账款的账务处理

#### 1. 发生应收账款

对签单结算的业务,酒店应按欠款单位设置明细账。这样,既可以通过"应收账款"总账账户查明应收账款总额,也可以了解欠款方的详细资料,避免账目不清、无法催收的情形出现。酒店发生应收账款,账务处理如下:

借:应收账款
　　贷:主营业务收入等

#### 2. 收回应收账款

酒店若按期收回应收账款,账务处理如下:

借:银行存款等
　　贷:应收账款

如果应收账款到期无法收回,酒店则需要做坏账处理。

### 2.2.3 酒店坏账准备的核算

#### 1. 坏账的确认

坏账是企业无法收回的应收账款,因坏账而使企业遭受的损失称为坏账损失。坏账损失是企业的一种费用,故又称为坏账费用。

企业确认坏账时,应具体分析应收账款的客户的特征,如金额大小、逾期时间长短、债务人信誉状况和经营状况等因素。通常对具有以下特征的应收账款,可确认为坏账:

(1)债务人破产。
(2)债务人死亡。
(3)债务人逾期甚久未履行其偿债义务,有足够迹象表明收回的可能性极小。

#### 2. 坏账的核算方法

新金融工具准则下,应收账款应采用预期信用损失模型计提减值准备。预期信用损失是指以发生违约的风险为权重的金融工具损失的加权平均值。其中,发生违约的风险即发生违约的概率。信用损失是指企业根据合同应收的现金流量与预期能收到的现金流量之间的差额。对于交易形成的应收账款,采用简化处理,即不需要判断初始确认后,信用风险是否显著增加,而是始终按照整个存续期内预期信用损失的金额计量其损失准备。

### 3. 坏账的账务处理

1）坏账准备的计提或冲回

会计期末,企业应按应收账款余额的一定比例估计当期坏账损失,并与"坏账准备"账户原有余额比较。

$$\text{"坏账准备"账户的期末余额}=\text{期末应收账款账面余额}\times\text{违约损失率}$$

若所估计的坏账损失数大于"坏账准备"账户的期初贷方余额,按其差额提取,借记"信用减值损失"账户,贷记"坏账准备"账户;若估计的坏账损失小于"坏账准备"账户的期初贷方余额,按其差额冲回坏账准备,借记"坏账准备"账户,贷记"信用减值损失"账户;若"坏账准备"账户为借方余额(即当期实际发生的坏账损失,比原提取的坏账准备多,属超支情况),除了按应收账款余额提取期末坏账准备外,尚要补提已超支数额。

2）转销坏账

当应收账款实际发生坏账时,应按坏账损失额转销坏账准备,即借记"坏账准备"账户,贷记"应收账款"账户。

3）收回已转销的坏账

已确认转销的坏账,以后又收回时,应同时作两笔分录:借记"应收账款"账户,贷记"坏账准备"账户;同时,借记"银行存款"账户,贷记"应收账款"账户。

【例 2-2】 琴岛大酒店年末应收账款预期信用损失计算表如表 2-6 所示,要求作出计提或冲回坏账准备的账务处理。

表 2-6　　　　　　　　应收账款预期信用损失计算表

| 应收账款账龄 | 应收账款余额(元) | 违约损失率 | 损失准备(元) |
|---|---|---|---|
| 未到期 | 300 000 | 0.5% | 1 500 |
| 过期 1 个月 | 200 000 | 1% | 2 000 |
| 过期 2 个月 | 150 000 | 2% | 3 000 |
| 过期 3 个月 | 100 000 | 3% | 3 000 |
| 过期 3 个月以上 | 50 000 | 10% | 5 000 |
| 合计 | 800 000 | | 14 500 |

（1）假定琴岛大酒店年初"坏账准备"账户的余额为零,则当期应计提的坏账准备金额为:14 500－0＝14 500(元)。

借:信用减值损失　　　　　　　　　　　　　　　　　　　　　　14 500
　　贷:坏账准备　　　　　　　　　　　　　　　　　　　　　　　　　14 500

（2）假定琴岛大酒店年初"坏账准备"账户贷方余额为 12 000 元,则当期应计提的坏账准备金额为:14 500－12 000＝2 500(元)。

借:信用减值损失　　　　　　　　　　　　　　　　　　　　　　2 500
　　贷:坏账准备　　　　　　　　　　　　　　　　　　　　　　　　　2 500

（3）假定琴岛大酒店年初"坏账准备"账户贷方余额为 60 000 元，则当期应冲回的坏账准备金额为：60 000－14 500＝45 500(元)。

借：坏账准备                  45 500

    贷：信用减值损失                45 500

（4）假定琴岛大酒店年初"坏账准备"账户借方余额为 5 500 元，则当期应计提的坏账准备金额为：14 500－(－5 500)＝20 000(元)。

借：信用减值损失              20 000

    贷：坏账准备                 20 000

## 2.3 酒店存货的核算

### 2.3.1 酒店存货的特点

工业企业的存货相对固定，产品的种类主要由销售情况决定。由于产品的研发周期较长，在一段时间内产品不会发生变化，一般也不会有新的存货。而酒店则不同，酒店的经营在常态经营的基础上有许多变化，经营产品随时可能会进行调整，比如餐饮部菜品的变化，或者客房部服务的变化都会导致酒店存货在品种、数量上的变化。因此，与工业企业的存货相比，酒店存货的种类存在更大的可变性和不可控性，具体表现如下。

**1. 存货种类繁多且不固定**

酒店产品的多样性导致酒店存货的种类非常繁多且不固定。而且酒店的产品还会经常性地调整，比如菜肴，酒店每隔一段时间就会推出新菜，自然就会需要购置新的食品、原材料、餐具等其他存货。

**2. 存货数量不确定性强**

酒店虽然也有预订管理，但很多货物的需求很难提前一段时间就可以预知，尤其是在餐饮原材料方面，因此餐饮食品原材料的下单往往是提前一两天才操作，就是为了减少由于不确定性造成的浪费。

**3. 存货时效性较强**

酒店存货中诸如餐饮原材料、调味品等都有较强的时效性，超过有效期就会造成浪费，这就要求酒店存货预测工作的准确性更高。

### 2.3.2 酒店存货的管理

存货管理的环节主要包括订货量的确定、出入库的操作以及闲置物品的处理。酒店存货的管理应满足如下原则。

**1. 预测准确**

订货量的预测工作是存货管理工作中最基础、最首要的工作，订货量预测的准确性直接关系到库存管理是否合理，也关系到酒店资金的使用是否有效。由于酒店存货品种繁多、时效性强,酒店订货量的预测工作也相应的更加复杂,从订货的方式来看有定量订货和定期订货两种,酒店实际的操作中往往是两者结合。

**2. 领用及时**

存货到达酒店后,一级库负责人需立即组织使用部门进行验收,同时设有二级库的需立即通过移库处理将货物转移到二级库内,其他申购部门也需尽快开单领出,避免货物堆积在一级库内。另外,一级库内的存货要做好定期盘点清查,尤其是3个月以上未动用的货物需进行原因分析。如果由于经营方式的调整导致存货无法使用或者不再需用,则需报经有关部门批准进行处理,以免占用仓库空间;如果是其他原因则需督促使用部门进行领用,避免因遗忘造成资源的浪费。

**3. 仓管科学**

仓库管理在库存管理中也占有重要的位置,仓库管理的好坏直接影响到订货预测的准确性以及订货的及时性。酒店对仓库的管理主要需关注以下几个方面:

(1)完善仓库管理制度,比如紧急开仓制度、入库验收制度、定期盘点制度等,只有在完备的制度保证下,才能确保仓库的正常运行。

(2)遵循先进先出原则,避免库存货物的品质发生变化或由于经营模式的调整造成闲置。

(3)加强对二级库的监督管理,确保二级库的正常运营,避免造成资产的遗失。

(4)规范仓库物资的登记,每样物资做好货卡的放置,注明每一次出入库数量的变化,做到账实相符。

(5)关注最低库存,避免由于订货时间的延迟影响到酒店的正常经营。

**4. 处理谨慎**

酒店需处理的物资包括两类:一类是闲置物资。闲置物资是由于酒店经营方式的调整或其他原因造成无法继续使用的物资,该部分物资的长期闲置只会占用仓库空间并且会降低闲置物资的价值。另一类是报损物资。这部分物资虽然已经无法使用,但仍然存在一部分残值,而且管理不善的话会存在重复报损的风险导致酒店新的物资被挪用乃至私自占用。因此,无论是闲置物资还是报损物资的处理,都需要规范和谨慎。

**? 相关思考2-1**

**酒店对各类物资的处理**

酒店需处理的物资包括闲置物资和报损物资。

对于闲置物资,首先,闲置物资的处理先由相关部门提出申请,通过相关的手续进行闲置资格的认定。闲置物资的资格认定主要有以下几个衡量标准:对客房用品由于经营模式的调整或其他因素导致某些物品已经无法满足酒店经营的需求或者不符合对客经营的标准;自用用品由于操作流程的改变或者其他因素导致某些物品不再使用。其次,一旦这些物资确认为闲置物资后,为了不占用仓库空间和资金,必须及时处理,由会计部门统一操作,在量大的时候需采用招标的方式进行,减少酒店资产的损失。闲置物资的产生与管理人员的管理能力有一定的关联,在必要的时候可以将闲置物资列入管理人员的绩效考核中,督促管理人员提升库存管理的能力,减少闲置物资的产生。

对于报损物资,首先,要建立监督机制和完善的报损流程。不同的物资由相应的监督部门进行鉴定,比如一些机器设备的报损必须由工程部鉴定确实无效或者使用不经济后才能允许报损。监督部门监督后,会计部门参与报损的监督,只有按照流程操作后符合报损的条件才能进行报损。其次,报损的物资要统一由会计部门进行保管,即会计部门必须设置报损物资仓库并建立账单。最后,会计部门需不定期对报损的物资进行统一的处理,比如改作他用或者统一出售。

### 2.3.3 酒店存货的分类

酒店存货按其来源和用途的不同可以分为以下五类:

(1)原材料:用于餐饮部的原材料及主要材料、燃料、物料用品和替换设备。

(2)在产品:餐饮部尚未加工完成的食品。

(3)产成品:餐饮部已加工完毕等待销售的食品。

(4)低值易耗品:灯具、办公桌、文具用品。

(5)库存商品:商场部购入准备销售给顾客的商品。

### 2.3.4 酒店原材料的核算

原材料的核算详见4.3酒店餐饮业务营业成本核算的相关内容。

### 2.3.5 酒店燃料的核算

酒店购入的各种燃料,比照原材料的核算方法进行。酒店的餐饮部或者不独立核算的车队耗用的燃料应列入"销售费用"账户,其他部门耗用的燃料则应列入"管理费用"账户。燃料领用的核算,一般采用三种办法:

(1)实际耗用法。即根据实际用量登记,每月汇总后,填制用量单,交会计部门转账。

(2)定额耗用法。即根据生产需要,每月按定额结转,每季或每年度清算一次,根据盘存数进行调整。

(3)倒挤耗用法。平时耗用燃料只登记备查簿,月末通过实地盘点,倒挤实际耗用量,填制用量单,由会计部门转账。

### 2.3.6 酒店物料用品的核算

#### 1. 物料用品购进的核算

酒店的物料用品数量较多,其采购方法主要有两种:一种是直接采购,另一种是预先定制。从市场上直接采购物料用品的核算方法与原料及主要材料的核算方法相同,不再重述。酒店对于有特殊要求的物料用品,如印有酒店名称的营业用具等,可采取预先订购的办法。

预订物料用品的款项有两种结算办法:一种是预付订金或全部货款,按合同规定定期发货。企业在预付货款时,借记"预付账款"账户,贷记"银行存款"等账户;在收到物料用品并验收入库后,再借记"原材料"账户,贷记"预付账款"账户,如是发货后还需补足货款的,还应贷记"银行存款"等账户。另一种是预先订货,发货后采用托收承付等方式结算。酒店根据合同规定验单或验货相符以后,承付货款,这时借记"原材料"账户,贷记"应付账款"或

"银行存款"账户。

**【例 2-3】** 琴岛大酒店向某工艺厂订购印有其酒店名字的桌布 400 块,每块桌布 10 元,合计价款 4 000 元,增值税 520 元,合同规定先付 40% 订金,交货时再付其余 60% 的货款。

(1) 支付订金时,作账务处理如下:

借:预付账款        1 808

    贷:银行存款        1 808

(2) 定制的桌布送达琴岛大酒店,收到增值税专用发票,价税合计 4 520 元,当即签发转账支票支付其余 60% 的货款,作账务处理如下:

借:原材料——物料用品——桌布        4 000

    应交税费——应交增值税(进项税额)        520

    贷:预付账款        1 808

      银行存款        2 712

**2. 物料用品领用的核算**

酒店有关部门或人员在领用物料用品时,应填制领料单,办理领料手续,保管人员应将领料单定期汇总编制耗用物料用品汇总表送交会计部门据以入账,会计部门根据物料用品的不同用途,借记"销售费用"或"管理费用"等账户,贷记"原材料——物料用品"账户。

**【例 2-4】** 承[例 2-3],琴岛大酒店餐饮部本月领用桌布 100 块,作账务处理如下:

借:销售费用        1 000

    贷:原材料——物料用品——桌布        1 000

酒店发出的物料用品,可采用"个别计价法""加权平均法""先进先出法"等计价方法计算成本。

### 2.3.7 酒店包装物的核算

**1. 包装物购进的核算**

酒店单独购进包装物时,应按购进的实际成本和增值税,借记"周转材料"账户;按所支付的金额,贷记"银行存款""应付票据""应付账款"等账户。

**【例 2-5】** 琴岛大酒店从商场购进包装用塑料袋一批共计 1 000 元,支付增值税 130 元。包装物已验收,价款以转账支票付讫。根据业务部门报来的有关凭证,作账务处理如下:

借:周转材料——包装物        1 000

    应交税费——应交增值税(进项税额)        130

    贷:银行存款        1 130

随货购进不单独计价是指包装物的价格不在供货单位的发票单上单独列出,而将其包含在商品价格中。企业收到随货购进不单独计价的包装物时,无需单独核算。

**2. 包装物回收的核算**

包装物回收有两种情况:一是酒店自行回收复用;二是代其他单位回收。

自行复用包装物回收,视同包装物购进,其核算与包装物单独购进时相同。

代其他单位回收的包装物,因不属于本酒店所有,故不作包装物核算。但为了保障包装物的安全,应在备查簿中登记。酒店代其他单位垫付的回收包装物款项,在"其他应收款"账户核算;将回收的包装物交给托收单位时,要将回收包装物所垫付的款项收回,并收取一定的手续费。

**3. 包装物领用的核算**

包装物领用的核算需要区分以下不同的情况进行处理:

(1) 顾客用于打包饭菜不单独计价的包装物,可按期结转其成本:

借:销售费用
　　贷:周转材料——包装物

(2) 随同饭菜或商品出售单独计价的包装物,在收到款项时确认包装物的销售收入:

借:银行存款
　　贷:其他业务收入
　　　　应交税费——应交增值税(销项税额)

同时结转该部分包装物销售成本:

借:其他业务成本
　　贷:周转材料——包装物

## 2.3.8　酒店低值易耗品的核算

酒店的低值易耗品主要是包括一些餐具、橱具、桌椅等。

**1. 低值易耗品购进的核算**

酒店购进低值易耗品,应以低值易耗品的买价,加上可以直接认定的运输费、装卸费、搬运费等作为其成本。如购进多种低值易耗品而发生的运输费、装卸搬运费,不易按品种划分时,也可以直接列入"销售费用"账户下的"运输费""包装费"二级明细账户。

**【例 2-6】** 琴岛大酒店客房部本月购进沙发 150 套,单价 500 元,价款 75 000 元,增值税 9 750 元,款项以支票付讫。沙发已验收入库,作账务处理如下:

借:低值易耗品　　　　　　　　　　　　　　　　　　　　　　　　75 000
　　应交税费——应交增值税(进项税额)　　　　　　　　　　　　　9 750
　　贷:银行存款　　　　　　　　　　　　　　　　　　　　　　　　84 750

需要说明的是,企业也可以设置"周转材料——低值易耗品"账户对低值易耗品进行核算。

**2. 低值易耗品领用和摊销的核算**

酒店有关部门在领用低值易耗品时,应填制"领料单"办理领用手续,交会计部门据以转账。低值易耗品领用后,在使用过程中不断磨损,其价值也随之逐渐减少,这部分减少的价值作为企业的成本费用。营业部门领用的低值易耗品应列入"销售费用"账户,管理部门领用的则应列入"管理费用"账户。低值易耗品摊销的方法有一次转销法、分次摊销法等,企业可根据低值易耗品的各种特点及管理的要求选用。

1)一次转销法

一次转销法是指企业在领用低值易耗品时将其全部价值一次摊入当期费用的方法。酒店在领用低值易耗品时,按其全部价值,借记"销售费用"或"管理费用"账户,贷记"低值易耗品"账户。

采用一次转销法,核算手续简便,但企业费用负担不均衡。同时,低值易耗品一经领用,就注销了其账面价值,账面上无任何记录,从而不利于实物管理。因此一次转销法主要适用于价值低、使用期限短、一次领用不多的低值易耗品。

**【例2-7】** 琴岛大酒店客房部领用沙发50套,共计2 500元。假定琴岛大酒店对沙发采用一次转销法核算。根据领料单,作账务处理如下:

借:销售费用——低值易耗品摊销——客房部        2 500
 贷:低值易耗品            2 500

2)分次摊销法

分次摊销法是指领用低值易耗品时摊销其价值的单次平均摊销额。采用这种方法需在"低值易耗品"账户下设置"库存低值易耗品""在用低值易耗品"和"低值易耗品摊销"三个明细账户。

采用分次摊销法,会计核算比较复杂,但在低值易耗品报废之前,账面上始终有详细的记录,有利于企业对实物的管理。酒店对于金额较大且比较耐用的低值易耗品,可按其使用次数采用分次摊销的方法。

**【例2-8】** 琴岛大酒店购进行李车8部,每部450元。假定琴岛大酒店对行李车采用分次摊销法核算。

(1)行李车已验收入库,价款以转账支票付讫,作账务处理如下:

借:低值易耗品——库存低值易耗品        3 600
  应交税费——应交增值税(进项税额)      468
 贷:银行存款            4 068

(2)客房部领用行李车8部,采用分次摊销法,分两次摊销,作账务处理如下:

借:低值易耗品——在用低值易耗品        3 600
 贷:低值易耗品——库存低值易耗品       3 600

领用时摊销其价值的50%:

借:销售费用——低值易耗品摊销——客房部        1 800
 贷:低值易耗品——低值易耗品摊销       1 800

(3)客房部8部行李车现已不能使用作报废处理,再摊销其价值的50%,作账务处理如下：

借：销售费用——低值易耗品摊销——客房部 1 800
　贷：低值易耗品——低值易耗品摊销 1 800

同时：

借：低值易耗品——低值易耗品摊销 3 600
　贷：低值易耗品——在用低值易耗品 3 600

酒店不论采用哪种方法进行摊销，在购进低值易耗品时，都应全额记入"低值易耗品"或"周转材料——低值易耗品"账户，领用时再按适当的方法进行摊销，以全面反映酒店购置低值易耗品的总额。酒店应加强对在用低值易耗品和使用部门退回仓库的低值易耗品的实物管理，并在备查簿上进行登记。

**3. 低值易耗品修理和废弃的核算**

1) 低值易耗品修理

为了充分发挥低值易耗品的使用效能，延长其使用期限，节约费用开支，酒店对使用中的低值易耗品应进行经常性的维修和保养。修理低值易耗品耗用的材料和支付的费用，应列入"管理费用"和"销售费用"等账户。

2) 低值易耗品报废

酒店的低值易耗品在使用过程中由于磨损而丧失使用效能时，应按规定手续报请批准废弃。低值易耗品废弃时，应将残料估价入库或出售。由于摊销的方法不同，低值易耗品废弃时的处理也不同。若废弃的低值易耗品已无账面余额，应将其残值冲减有关费用，即借记"原材料""库存现金"或"银行存款"等账户，贷记"销售费用"或"管理费用"账户；若废弃的低值易耗品采用分次摊销法摊销，应将摊余价值与残值的差额记入"销售费用"或"管理费用"账户，同时转销有关账户的账面价值。

**【例2-9】** 承[例2-7]，琴岛大酒店客房部领用的10套沙发已不能使用，经批准报废，每套实际成本500元，假定残值收入为200元，作账务处理如下：

借：库存现金 200
　贷：销售费用——低值易耗品摊销——客房部 200

# 2.4 | 酒店职工薪酬的核算

酒店与其他企业一样，职工工资并非各自为政，而是同时统一发放。现就整个酒店的工资核算作系统阐述。

## 2.4.1 工资总额

酒店的工资总额，是指在一定时期（通常指1年）内实际支付给职工的劳动报酬总额。根据国家规定，主要包括下列内容：

（1）计时工资。即按计时工资标准和工作时间支付给个人的劳动报酬。

（2）计件工资。即对已做工作,按计件单价支付的劳动报酬。

（3）奖金。即支付给职工的超额劳动报酬和增收节支的劳动报酬。

（4）津贴和补贴。即为了补偿职工特殊或额外的劳动消耗和因其他特殊原因支付给职工的津贴、保健性津贴、技术性津贴和其他津贴,以及为了保证职工工资水平不受物价上涨或变动影响支付的各种补贴。

（5）加班加点工资。

（6）特殊情况下支付的工资。这包括根据国家规定因病、工伤、产假、计划生育假、事假探亲假、定期休假、脱产学习等原因支付的工资。

### 2.4.2　工资的计算和支付

酒店一般实行以计时工资为主,计件工资为辅,计时加奖金的工资制度。

1）工资的原始记录

工资计算的主要依据有考勤表、计件工资结算表和职工欠款扣收清单等。这些凭证由人事部门和有关业务部门提供。

2）计时工资

计时工资是根据考勤记录登记的每一职工出勤或缺勤日数,按照规定的工资标准计算的工资。工资标准是指单位工作时间各等级职工的标准工资额。按其计算的时间不同,有年薪制、月薪制、日薪制和小时工资制等。企业劳动关系的职工的计时工资,一般按月薪计算;企业临时劳务关系的职工的计时工资,一般按日薪计算和按小时工资计算。下面只介绍月薪制下职工计时工资的计算。

（1）采用月薪制,不论各月日历天数多少,每月的标准工资相同,即只要职工该月出全勤,便可领取固定的月标准工资。

（2）如果发生缺勤情况,则可以按以下公式计算应付工资:

应付计时工资 ＝ 该职工月标准工资 －（事假日数 × 日工资率）－（病假日数 × 日工资率 × 病假扣款率）

或

应付计时工资 ＝ 该职工本月出勤日数 × 日工资率 ＋ 病假日数 × 日工资率 ×（1 － 病假扣款率）

其中:月标准工资可以根据工资卡的记录取得,缺勤日数可以根据考勤记录取得。另外,不论哪种算法均需计算日工资率。日工资率的算法有以下两种:

① 每月固定按 30 日计算,日工资率为月标准工资除以 30 日,即:

$$日工资率 = \frac{月标准工资}{30}$$

② 每月按 20.83 日计算,日工资率为月标准工资除以 20.83 日,即:

$$日工资率 = \frac{月标准工资}{20.83}$$

20.83日为全年 365 日减去 104 个双休日和 11 个法定节假日,再除以 12 个月算出的月平均工作日数。

综上所述,计时工资的计算方法有四种,按 30 日计算日工资率,按出勤日数计算月工资;按 30 日计算日工资率,按缺勤日数扣月工资;按20.83日计算日工资率,按出勤日数计算月工资;按20.83日计算日工资率,按缺勤日数扣月工资。酒店可以在四种方法中选择计时工资的计算方法,一旦确定以后,不应随意变更。

在按 30 日计算日工资率的企业中,由于节假日也算工资,因而出勤期间的节假日,也按出勤日算工资。事假病假等缺勤期间的节假日,也视为缺勤,照样扣工资。在按20.83日计算日工资率的酒店中,节假日不算、不扣工资。

下面举例说明计时工资的计算方法。

【例 2-10】 琴岛大酒店某工人的月工资标准为2 400元。5 月份 31 日,事假 2 日,病假 1 日,星期休假 10 日,法定节假日 1 日,出勤 17。根据该工人的工龄,其病假工资按工资标准的 90% 计算。该工人病假和事假期间没有节假日。试计算该工人本月应得的工资。

① 按 30 日计算日工资率,按出勤日数计算月工资:

$$日工资率 = \frac{2\ 400}{30} = 80$$

$$应付计时工资 = 80 \times (17 + 10 + 1) + 80 \times 1 \times 90\% = 2\ 312(元)$$

② 按 30 日计算日工资率,按缺勤日数扣工资:

$$日工资率 = \frac{2\ 400}{30} = 80$$

$$应付计时工资 = 2\ 400 - 80 \times 2 - 80 \times 1 \times (1 - 90\%) = 2\ 232(元)$$

③ 按20.83日计算日工资率,按出勤日数计算月工资:

$$日工资率 = \frac{2\ 400}{20.83} = 115.22$$

$$应付计时工资 = 115.22 \times 17 + 115.22 \times 1 \times 90\% = 2\ 062.44(元)$$

④ 按20.83日计算日工资率,按缺勤日数扣工资:

$$日工资率 = \frac{2\ 400}{20.83} = 115.22$$

$$应付计时工资 = 2\ 400 - 115.22 \times 2 - 115.22 \times 1 \times (1 - 90\%) = 2\ 158.04(元)$$

在按 30 日计算日工资情况下,由于日历日数为 31 日,比日工资率计算的日数多1日,因此按出勤日计算方法就会多 1 日的工资 80 元。

按20.83日计算日工资情况下,由于应出勤日数 20 日比日工资计算日数少0.83日,因此按出勤日方法计算就会少0.83日工资。

**延伸阅读2-3**

## 工资的计算

按20.83日计算日工资率,节假日不计算工资,更能体现按劳分配的原则。在一般情况下,企业职工缺勤日数总比出勤日数少,计算缺勤工资就比计算出勤工资简便,因此按20.83日计算日工资率,按月标准工资扣除缺勤工资的方法相对来说较好。

3) 计件工资

计件工资在酒店计算工资的实际操作中,一般不单独采用,只在个别劳动项目中采用,然后并入当月的计时工资发放。例如,有的酒店客房每月统计每个服务员的做床个数,按一定的单价计算报酬加入月度计时工资发放,从而体现了部分按劳取酬,激发员工的劳动积极性。

$$应付计件工资 = \sum 某工人本月工作数量 \times 该种产品计件单价$$

4) 其他

(1) 计时加奖励制是当前广泛实行的工资制度。它是在计时工资之外,按企业规定条件加发奖金。例如,有的酒店规定了月度目标营业收入,超额按一定比例提成计奖,以工资形式分配给职工。

(2) 对于职工开会或参加必要的社会义务劳动的工资、调动工作期间的工资、探亲假期的工资和女职工哺乳期间的工资等都应按照规定全额支付。

(3) 在实际工作中,为了方便职工,对于职工所应交宿舍水电费或其他欠款,通常由会计部门根据有关扣款通知代扣。因此,每月用现金支付给职工个人的工资数,应按以下公式计算:

$$实发工资 = 应付工资 - 代扣款项$$

每月的工资结算,可按各个部门编制的工资结算表(见表2-7)进行。工资结算表视各酒店具体情况,可采取统一由会计部门编制或由各业务部门编制交会计部门进行汇总编制工资结算汇总表(见表2-8)。

表2-7　　　　　　　　　　　　**工资结算表**

部门:客房部　　　　　　　　　2×19年5月　　　　　　　　　单位:元

| 序号 | 姓名 | 基本工资 | | | | 附加工资 | | | | 应付工资 | 扣款 | | | 实发工资 |
|---|---|---|---|---|---|---|---|---|---|---|---|---|---|---|
| | | 标准工资 | 岗位津贴 | 加班工资 | 合计 | 病伤产假 | 探公婚丧假 | 其他 | 合计 | | 房租水电 | 借支 | 合计 | |
| 1 | 张三 | 1 680 | 200 | 240 | 2 120 | | 120 | | 120 | 2 240 | 40 | | 40 | 2 200 |
| 2 | 李四 | 1 740 | 100 | 200 | 2 040 | | | | | 2 040 | | | | 2 040 |
| 3 | …… | | | | | | | | | | | | | |
| | 合计 | | | | | | | | | | | | | |

表2-8 **工资结算汇总表**

2×19年5月 单位:元

| 部门 | 基本工资 | 附加工资 | 应付工资 | 扣款 | | | 实发工资 |
| --- | --- | --- | --- | --- | --- | --- | --- |
| | | | | 房租水电 | 借支 | 合计 | |
| 客房部 | 28 700 | 5 520 | 34 220 | 350 | 200 | 550 | 33 670 |
| 餐饮部 | 82 950 | 8 480 | 91 430 | 520 | 100 | 620 | 90 810 |
| 商场部 | 12 160 | 1 530 | 13 690 | 60 | | 60 | 13 630 |
| 康乐部 | 7 880 | 640 | 8 520 | 20 | | 20 | 8 500 |
| 行政管理 | 42 960 | 5 580 | 48 540 | 470 | 300 | 770 | 47 770 |
| 合计 | 174 650 | 21 750 | 196 400 | 1 420 | 600 | 2 020 | 194 380 |

**【例2-11】** 某酒店2×19年5月份工资结算汇总情况如表2-7所示,编制相关会计分录如下:

(1)分配工资:

借:销售费用——客房——工资 34 220

——餐饮——工资 91 430

——商场——工资 13 690

——康乐——工资 8 520

管理费用——工资 48 540

贷:应付职工薪酬 196 400

(2)发放工资:

借:应付职工薪酬 196 400

贷:其他应付款——代扣房租水电费 1 420

——扣回职工欠款 600

银行存款 194 380

(3)代扣房租水电拨付委托代扣单位:

借:其他应付款——代扣房租水电费 1 420

贷:银行存款 1 420

## 2.5 | 酒店应付账款的核算

### 2.5.1 酒店应付账款的控制

应付款业务如同应收款一样,也广泛存在于社会经济生活中。有些业务的特点决定了采用应付款结算形式比采用现金结算形式更加方便和灵活。比如,酒店餐饮部对于消耗量大、不易久存的鲜鸡蛋、啤酒、大米、食用油等可以采用厂家送货上门,定期结账的方式。酒店可以选择供货商签订供应合同,采用电话报要货量、送货上门、验收签字、月底集中付款结算的形式。这种结算形式在会计上形成了应付账款。

应付账款产生的基础、结算方式以及风险的防范与应收账款不同。产生应付账款是企业收到商品后未付款,风险不在货款,而在于商品,收到商品后签字便意味着承担了付款的义务。因此商品进入酒店,关键就在于验收商品。只有验收的商品在数量、质量、规格、品种方面都与合同相符,才能减少风险。赊购商品的经济合同一般都是由卖方提供的。酒店应在仔细审阅经济合同的情况下,商定交送商品的日期、方式、验收方式等内容后,才能慎重签订合同。

### 2.5.2 酒店应付账款的账务处理

(1)酒店日常业务形成应付账款时:

借:库存商品
　　应交税费——应交增值税(进项税额)
　　贷:应付账款

(2)某些情况下,由于债权人的原因应付账款确实无法偿付的:

借:应付账款
　　贷:营业外收入

# 2.6 | 酒店投入资本的核算

## 2.6.1 酒店申办开业手续

### 1. 办理开业登记

按相关政策规定,公司类企业开业登记须到所在地工商行政管理局办理手续,程序如表2-9所示。

表2-9　　　　　　　　　　　开业登记流程

| 步骤 | 具体操作 |
|---|---|
| 取得公司名称核准证明 | 将公司名称送到工商行政管理机关,核准无误后发放核准证明 |
| 领取注册登记表格 | 领取有关登记公司的表格及准备有关资料,包括公司设立登记申请书、公司章程、业主资格证 |
| 开设临时账户,准备注册资金 | 开设银行临时验资账户,存入注册资本金。投资者以实物出资的,还应提供相关产权证明文件和价值评估资料 |
| 获取验资报告 | 将以上资料连同存入银行的资金证明交会计师事务所审核。实物资产出资部分,会计师事务所还应实地盘点,进行资产评估,最终提交验资报告 |
| 获取场地证明书 | 由工商行政管理机关验定场地后发给经营场地证明书 |
| 领取回执 | 将公司名称核准证明、公司(申报)材料、验资报告、场地证明书、投资各方的身份证等一起提交工商行政管理机关,待工商行政管理机关对上述材料进行审查无误后,发给受理回执 |

**2. 办理法人代码证书及税务登记**

公司类的企业取得营业执照后,需要刻取公司的公章、财务章、企业法人的印章,并办理企业法人代码证书。在领取法人代码证书后,应携带营业执照正本、公章、财务章和个人印章到银行办理开户手续。办理银行开户后,还要办理税务登记和购买发票。

此外,每个企业均应确定一个具备会计从业资格的财务人员负责办理报税事宜,在税务部门备案。税务局也会给每个企业指定一个税务专管员,负责该企业的税收事宜。在备齐上述资料后,到管辖地税务局办理税务登记。当上述材料被审查通过后,在 7 个工作日后便可领取税务登记证。

### 2.6.2 酒店年检

领取了营业执照后,每年 4 月 30 日前酒店必须参加工商行政管理机关的企业年检。企业年检是指工商行政管理机关依法按年度对企业进行检查,以确定企业继续经营资格的法定制度。企业年检需财务部门提供年度财务报表审计报告。

年检工作中,企业年检由企业所在地工商行政管理机关执行,个体户年检由所在地工商行政管理机关执行。企业年检的基本程序可到当地工商行政管理机关咨询。

### 2.6.3 投入资本的账务处理

酒店筹建阶段,其业务活动只是办理营业执照注册登记以及法人代码证书和税务登记,经营活动还未能展开,但这些业务活动都是为正常的经营奠定基础的。在会计上表现为酒店所有者权益的形成。

投资者投入资本是开业资金的投入过程,各投资方要做详细的记录。因为各投资者投入的资金是各自的原始投资,既代表着一种管理权力的大小,又是以后酒店盈利分红的依据。因此在这个阶段中,准确记录各业主的投资,妥善保存各方投入资金的原始资料,是避免以后发生纠纷、准确分配各自应得利益的重要工作。酒店接受投资者投入资本的账务处理为:

借:银行存款
　　固定资产等 【按投资双方的合同或者协议价】
　　应交税费——应交增值税(进项税额) 【按可以抵扣的增值税进项税额】
　　贷:实收资本(或股本) 【按投入资本的份额】
　　　　资本公积——资本溢价(股本溢价)【差额】

# 2.7 酒店利润形成与分配的核算

### 2.7.1 酒店利润形成的核算

酒店的利润,是酒店在一定时期内各项经济业务收入抵减各项支出后的净额。利润是衡量酒店经营管理水平的一项综合性指标,有关经营业务的大小、费用水平的高低、资金使用效益等,都在一定程度上通过利润体现出来。

会计期末,酒店将当期实现的各项收入及发生的各项费用转入"本年利润"账户。结转本年利润的方法有账结法和表结法两种。年度终了,酒店应将本年收入和支出相抵后结出的本年实现的净利润或净亏损,转入"利润分配——未分配利润"账户,如表2-10所示。

表2-10　　　　　　　　　　　　　　　　　**本年利润形成的核算**

| 情形 | 会计分录 |
|---|---|
| 结转收入、利得类账户 | 借:主营业务收入<br>　其他业务收入<br>　投资收益<br>　营业外收入等<br>贷:本年利润 |
| 结转各项费用、损失类账户 | 借:本年利润<br>贷:主营业务成本<br>　其他业务成本<br>　税金及附加<br>　销售费用<br>　管理费用<br>　财务费用<br>　营业外支出等 |
| 年末结转"本年利润"账户 | 借:本年利润<br>贷:利润分配——未分配利润<br>或相反 |

### 2.7.2　酒店利润分配的核算

**1. 利润分配的顺序**

利润分配是指企业根据国家有关规定和企业章程、投资者协议等,对企业当年可供分配的利润进行分配。在进行利润分配前,要计算企业的可供分配利润。可供分配利润由以下几部分构成:

可供分配利润 ＝ 当年实现的净利润 ＋ 年初未分配利润(一年初未弥补亏损) ＋ 其他转入

可供分配的利润按照下列顺序进行分配:
(1) 提取法定盈余公积。
(2) 提取任意盈余公积。
(3) 向投资者分配利润或股利。

**2. 利润分配的账务处理**

酒店应通过"利润分配"账户,核算利润的分配(或亏损的弥补)和历年分配(或弥补)后的未分配利润(或未弥补亏损)。该账户应分别"提取法定盈余公积""提取任意盈余公积""应付现金股利或利润""盈余公积补亏""未分配利润"等进行明细核算。

酒店分配利润时,借记"利润分配——提取法定盈余公积"等账户,贷记"盈余公积——法定盈余公积"等账户。年度终了,将"利润分配"账户所属的其他明细账户的余额,转入"未分配利润"明细账户。

结转后,"未分配利润"明细账户的贷方余额,就是年末未分配利润;如出现借方余额,则表示年末未弥补亏损。结转后,"利润分配"账户除"未分配利润"明细账户外,所属的其他明细账户应无余额,如表 2-11 所示。

表 2-11　　　　　　　　　　　　　　　　　利润分配的核算

| 情形 | 会计分录 |
| --- | --- |
| 提取法定盈余公积、任意盈余公积、向投资者分配利润 | ① 提取法定盈余公积:<br>借:利润分配——提取法定盈余公积<br>　　贷:盈余公积——法定盈余公积 |
| | ② 提取任意盈余公积:<br>借:利润分配——提取任意盈余公积<br>　　贷:盈余公积——任意盈余公积 |
| | ③ 分配现金股利:<br>借:利润分配——应付现金股利或利润<br>　　贷:应付股利 |
| | ④ 分配股票股利:<br>借:利润分配——转作股本的股利<br>　　贷:股本 |
| 结转利润分配的其他明细账户 | 借:利润分配——未分配利润<br>　　贷:利润分配——提取法定盈余公积<br>　　　　　　　　——提取任意盈余公积<br>　　　　　　　　——应付现金股利或利润<br>　　　　　　　　——转作股本的股利 |

## 重 要 概 念

备用金　银行存款余额调节表　应收账款　坏账准备　预期信用损失　信用减值损失　物料用品　低值易耗品　应付账款　工资　投入资本　利润分配

## 思 考 题

1. 酒店的收款方式及形式是什么?

2. 酒店存货应如何分类?

3. 酒店应如何对存货进行管理?

4. 酒店办理开业登记的步骤是什么?

5. 计时工资的计算方法有哪几种?

# 第3章 酒店客房业务的会计核算

## 内容提要

本章主要讲解了酒店客房部的功能、客房业务活动的特点;客房业务营业收入的核算,包括应收应付制和收付实现制两种核算制度;客房业务营业成本的核算,包括折旧费和修理费的核算、洗衣坊的核算以及一次性用品和服装费的核算。

## 重点难点

本章重点为客房业务营业收入的核算;难点为客房业务营业收入的账务处理。

## 学习目标

通过本章学习,学生应了解酒店客房部的功能、客房业务活动的特点;掌握客房业务营业收入及营业成本的内容;掌握客房业务营业收入的账务处理:包括应收应付制和收付实现制两种核算制度;客房业务营业成本的账务处理。

## 知识框架

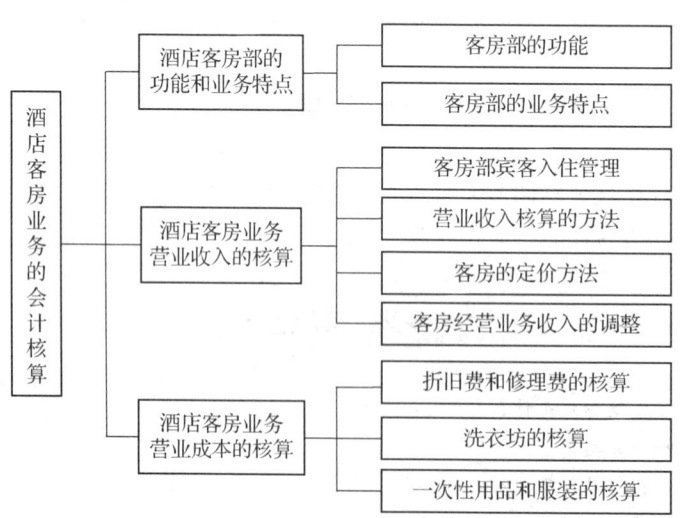

## 引入案例　2017 年郑州市酒店会议收入稳步增长　全年总收入 25 797 多万元

目前,社会文明进步越快,人们对物质、文化交流的需求就越高,中国酒店会议产业显示出较快的发展势头,会议产业已经发展成为拉动城市经济增长、促进社会发展的新亮点。近几年,郑州经济迅速发展,已成为全省政治、经济、文化、科技交流中心,越来越多的大型会议在郑州举行。据郑州市会展办对全市十区内部分限额以上住宿法人企业监测数据显示,2017 年郑州市会议举办情况总体良好,会议总收入呈增长态势,会议总数量平稳增加。

2017 年全年调查 399 次,四个季度平均每季度 100 家左右,全年会议累计时长是 9 838.5 天。按会议数量和类型来分,郑州市全年举办会议 6 278 场次。

会议总收入分为场地、住宿和餐饮收入。通常一个会议的这三项收入能够占到会议总收入的 80% 甚至更高。郑州市全年会议总收入是 25 797.35 万元,其中全年场地收入是 6 457.75 万元,住宿收入是 8 897.32 万元,餐饮收入是 9 633.22 万元,2017 年这三项收入占到会议总收入的 96.86%,其中收入较大的餐饮收入占会议总收入的 37.3%。

由会议举办情况特点分析可知,位置分布和基础设施决定了郑州市的酒店是河南省酒店产业发展最快的城市。一般会议酒店会选择能够承受规模较大、功能化强、服务品质高的星级酒店,郑州市四星级以上的酒店有 20 多家,同时郑州是中国中部地区重要的中心城市、国家重要的综合交通枢纽、河南的政治经济文化中心,全省重要性商务、政务等会议一般都会选择在此地召开。

郑州市的会议中,参加会议时长最长和人数最多的分布在第四季度,其次为第二季度。由此看出,大多数的会议都会出现在年中和年末这两个时期,这个时间正是各个单位企业进行总结交流的关键时间,这应该是决定本市会议淡旺季的首要因素。

在经济转型产业调整的大背景下,第三产业在 GDP 中占有较大比例,酒店会议产业作为一个新兴产业,也属于第三产业的范畴,需要长足的发展,同时酒店会议产业由于其投资成本高,经营风险大等特点,也是一个较为脆弱的行业。从调查来看,商务会议占全年会议的 82.4%,市场经济的发展对于这一产业的发展有着重要的影响。目前从宏观经济来看,经济增长持续放缓,对我国酒店会议产业也产生了一定的影响。

业内人士认为,随着郑州这几年经济飞速发展,酒店的进一步建成投产和星级评定步伐的加快,管理与服务化水平不断提高,郑州市的接待能力也在进一步增长,同时随着会展业的不断发展,酒店会议和会展的合作关系也越来越紧密,在双方达到共赢的同时,势必带来一定的经济收入。长期来看,酒店会议产业所带来的经济收入将会进一步增长,会议召开的总数量也会逐步增加。

那么,酒店的收入都包括哪些内容呢?通过本章的学习,大家将了解到酒店客房部业务的特点,酒店客房营业收入及成本核算等相关内容。

# 3.1 | 酒店客房部的功能和业务特点

## 3.1.1　客房部的功能

客房是酒店的基本设施,是酒店存在的基础。向客人提供食宿是酒店的基本功能,而客房是住店客人购买的最大、最主要的商品。所以,酒店的客房是酒店存在的基础,没有了客房,酒店也就不复存在了。我国酒店客房的建筑面积一般占总体建筑面积的 60%～

70%,在酒店投资上,客房的土建、内外装修与设备购置也占据了相当大的比重。

客房收入是酒店营业收入的主要来源。客房部是酒店的主要创利部门,销售收入十分可观,一般要占酒店全部营业收入的40%～60%。客房虽然在初建时投资大,但耐用性强,纯利高。客房部的有效管理及其他部门的有效支持将增强酒店活力,提高企业收益。同时,通过客房的销售、大量客人的入住,也给其他部门带来了盈利的机会。

客房部的服务与管理水平是提高酒店声誉的重要条件。客房是客人在酒店逗留时间最长的地方,一般来说,客人对客房有一种"家"的感觉。因此,客房的设施以及客房部的服务管理水平往往成为客人评价酒店好坏的主要因素。客房服务质量是衡量整个酒店服务质量的标尺,维护酒店声誉的重要标志。

客房是带动酒店一切经济活动的枢纽。酒店作为一种现代化的食宿场所,只有在客人入住率高的情况下,酒店一切设施才能发挥作用,酒店的一切组织机构才能运转。客人住进酒店,要到前台办手续、交房租;要到餐饮部用餐、宴请宾客;要到康乐部健身、娱乐;要到商场购物等,因而客房服务带动了酒店的各种综合服务设施,带动了整个酒店的经营管理。

客房部是酒店降低物资消耗、节约成本的重要部门。客房商品的成本在整个酒店成本中占据较大比重。例如,能源(水、电)消耗及低值易耗品、各类物料用品等,日常消耗较大。客房部是否重视开源节流,能否加强成本管理、建立部门经济责任制及原始记录考核制度,对整个酒店是否能降低成本消耗,获得良好收益起到关键作用。

客房部担负着管理酒店固定资产的重任。在酒店企业,固定资产占总资产的80%～90%,包括建筑物、设备设施、家具、物品配备等。其中,在客房部管辖范围内的固定资产占了大多数。对整个酒店客房楼层部分、公共部分设施设备的日常保养及维护工作是客房部的重要工作。客房部的任务是管理好这些资产,或直接进行维修保养,或及时督促、协助有关部门进行维修,尽可能延长资产的使用期限。

### 3.1.2　客房部的业务特点

**1. 以时间为单位出售客房使用权**

客房商品的销售与其他商品最大的区别在于只出售使用权,商品的所有权不发生转移。一方面,客房部员工应尊重客人对客房的使用权,向客人提供各类客房服务;另一方面,也应保护酒店对客房的所有权,做好客房设备设施、物质用品的保管和维护工作。

客房商品是以时间为单位出售的,所以其价值实现的机会如果在规定的时间内丧失,就意味着其价值将永远失去,因而酒店的客房部应确定科学的客房清扫程序,加速客房的周转,及时为前厅销售提供合格产品。

**2. 客人的要求具有随机性和差异性**

客房是客人休息、工作、会客、娱乐、存放行李物品及清理个人卫生的场所。不同客人的身份地位不同、生活习惯相异、文化修养与个人爱好也各有差异,所以对客房服务的要求也是多方面的,这就使客房部业务具有很强的随机性和差异性。

**3. 私密性与安全性要求高**

客房是客人在酒店的私人领域,客房业务对私密性与安全性的要求很高。因此,服务人员不能随意进入客房,不能随意移位、翻看客人物品,应尊重客人的隐私权。

另外,安全是客人住宿的最基本的需求。酒店必须确保客房安全,为客人提供一个安全舒适的私密空间。

# 3.2 │ 酒店客房业务营业收入的核算

## 3.2.1　客房部宾客入住管理

在酒店,客人的接纳、安排食宿以及处理客人账务由总服务台负责办理。零散宾客入住酒店,通过总服务台服务员负责接待并先由客人填写客人临时住宿登记表,如表 3-1 所示。

表 3-1 　　　　　　　　　　　**客人临时住宿登记表**

**Registration Form of Temporary Residence for Visitors**

用正楷字填写(in Block Letters)

日期(Daily Rate):

房号:

| 姓名:<br>First Name:<br>Surname:<br>Middle Name: | | 出生日期:<br>Date of Birth: | 性别:<br>Sex: | 国籍或籍贯:<br>Nationality: |
|---|---|---|---|---|
| 入住日期:<br>Date of Arrival: | | 退房日期:<br>Date of Departure: | | 公司名称:<br>Company Name: |
| 住址:Home Address: | | | | |
| Please Note:<br>1. Check out time is 12:00 noon.<br>2. Visitors are requested to leave guest rooms by 11:00 PM.<br>3. Room rate not including beverage in your room. | | 离店时我的账目结算将由:<br>On checking out my account will be settled by:<br>☐ cash　　☐ T/A voucher<br>☐ credit card　☐ company<br><br>guest signature: _____ | | |

以下由服务员填写 for clerk use

| 护照或证件名称: | 号码: | 签证种类: | 签证号码: | 签证有效期: |
|---|---|---|---|---|
| 签证签发机关: | 入境日期: | 口岸: | 接待单位: | |

备注:Remarks:

值班服务员签名:

Clerk Signature:

办妥住宿手续后,服务员当即开出一份账单(即为客人入住酒店后开立的赊欠明细账)交给服务台结账组(处),账单内容如表3-2所示。

结账组需将账单按宾客房号顺序排列在账夹内,并对客人入住期间发生的各项费用及时记入该账单内。在办妥住店手续后,总服务台为客人签发本店住房卡,宾客在酒店各营业点(通常不包括商品部)可凭其签单消费。

客人住店期间的消费账款,在有些酒店是在客人预定房间或在住店登记时就已付账;有些酒店则要求客人对其入住期间的每项服务直接支付现款;也有的是由旅行社或某代理人提前代为付账;但多数酒店均采用一次性结账。

表 3-2 琴岛大酒店账单

| 房号: | | 抵店日期: | | 人数: | | 备注: |
|---|---|---|---|---|---|---|
| 房租: | | 离店日期: | | 付款方式: | | |

姓名:
地址:
公司名称:

| 项目 | | | | | | | |
|---|---|---|---|---|---|---|---|
| 昨日余额 | | | | | | | |
| 房租 | | | | | | | |
| 饭食 | | | | | | | |
| 洗衣 | | | | | | | |
| 电话 | | | | | | | |
| 其他 | | | | | | | |
| 合计 | | | | | | | |
| 贷方 | 现金 | | | | | | |
| | 转账 | | | | | | |
| 余额 | | | | | | | |

付款单位: 地址:
客人姓名:

对于团体客人或零星已预订客房的散客在其到达酒店之前,由酒店营业部门按照旅行社等单位事先下达的接待计划开出接待通知单(见表3-3),送交总服务台、餐饮部、客房部、财务部的前台结账组,做好接待准备。总服务台服务员按照接待通知单上的具体要求,按到达日期顺序安排房间,同时为客人开设账单并送交前台结账处。

表3-3                 **琴岛大酒店接待通知单**

年 月 日

| 团(姓)名 | | | | | 编号 | |
|---|---|---|---|---|---|---|
| 抵 离<br>时间、地点 | 月 日 时 分乘 抵 | | | | 付款<br>方式 | |
| | 月 日 时 分乘 离 | | | | | |
| 人数 | 客人 | 陪同 | 全陪姓名 | | | |
| | 计 人 | 计 人 | 地陪姓名 | | | |
| 双床间 | | | 膳食 | 餐别 | | |
| 大床间 | | | | 标准 | | |
| 套间 | | | | 其他 | | |
| 房内布置 | 月 日 时 分共 桌计 人,标准 元/人(含、不含) | | | | | |
| 房费 | | | | | 地点: | |

每日结账组根据各营业点报来的经客人签字的账单,记入该客人总账单中。实行一次性结账的酒店,客人住店期间可享受短期信用,其所欠款在离店时一起结算。当宾客准备离店要求结账时,楼层服务员应立即检查房间内各项设施和物品有无损坏或短缺,并及时与前台联系。前台经办人将收回的房间卡与从"房态控制盘"撤下的房间卡片经核对相符后,盖戳注销,并立即通知餐厅、商场、总机房等部门,查清有无尚未报送前台的消费签单,以防漏账,然后迅速结算账单,办理清账退款手续。

### 3.2.2 营业收入核算的方法

**1. 客房营业收入的确认**

1) 客房营业收入的确认时间

客房收入是指酒店向宾客提供房间住宿及相应的服务而取得的营业收入。客房部应当按照权责发生制的原则来确认收入。凡归属于本期的收入,不论其是否收到现金,均作为本期的收入入账;反之,凡不归属于本期的收入和费用,即使已经收到现金,也不能作为本期的收入入账。客房部应以宾客办妥入住房间登记手续,即客房出租的时间,作为客房业务收入实现的时间。

2) 客房营业收入金额的确定

客房出租的价格有标准房价、旺季价、淡季价、团队价、合同价、优惠价等多种,在确认收入时,应该以实际收取的客房收入作为确认收入的金额。

标准房价是指酒店客房部价目表上公开列示的客房价格。这一价格通常是酒店给予零星旅客的房价。团队价通常在标准房价的基础上给予一定的折扣优惠。

实际出租房价是指客房部实际向宾客收取的客房价格。酒店对于不同时期,不同宾客实际收取的房价,是以标准房价为基础,随着供求关系的变化,在规定的幅度内上下浮动。

客房租金收入通常按天数分时段计算,自宾客入住客房之日起,至次日中午 12 时止,收取 1 天租金;至次日中午 12 时以后,傍晚 6 时以前止,加收半天租金;至次日傍晚 6 时以后,则加收 1 天租金。

 知识拓展3-1 ...........................................................................

### 酒店的营业收入

酒店营业收入主要包括:

(1) 客房收入。它是指酒店为宾客提供住宿环境和服务性劳务后,向其收取的货币收入。

(2) 餐饮收入。它是指酒店为宾客提供饮食、酒席、宴会等服务而取得的货币收入。

(3) 销售商品收入。它是指酒店附设零售商场、购物中心、商品部等部门因销售商品等而取得的货币收入。

(4) 其他收入。它是指酒店除上述收入外而取得的货币收入,主要包括:游乐或健身服务收入、商务中心服务收入、租金收入、美容美发收入、电话费收入、游戏机收入、俱乐部收入、保龄球收入、洗衣收入、车队收入、手续费收入、会议室出租收入等。

**2. 客房营业收入的账务处理**

客房营业收入的账务处理方法依房费收款方式不同而有所区别。各类客房营业收款主要有应收应付制和收付实现制两种不同的制度。

1) 应收应付制

规模较大、房间较多的酒店都是采用应收应付制,即当天的营业收入只要发生了,不论是否已收到款项,均作为当天的收入处理。

酒店对宾客房金等消费款结算有两种方式:一是先付款后住店(即预收房金方式);二是先住店后付款(即挂账方式)。这两种方式的前台结算操作和编制营业日报表的方法基本相同,不同之处在于所反映的宾客账款一个是"结存",一个是"结欠"。账款为"结欠"时,只需在"结存"栏以"-"号反映。这两种结算方式的会计核算并无区别。

采用这种核算制度,前台必须设置客房营业日记台账(见表3-4),由收银员根据宾客账单登记,并按各项目的汇总金额编制客房营业日报表(见表3-5)。

**【例3-1】** 根据琴岛大酒店 2×19 年 5 月 2 日客房部客房营业日记台账和客房营业日报表作出相应账户处理。

表3-4

### 客房营业日记台账

楼层:一

2×19年5月2日

| 房号 | 姓名 | 住店日期 | | 已住天数 | 本日应收 | | | | | | | | 结算 | | | |
|------|------|------|------|------|------|------|------|------|------|------|------|------|------|------|------|------|
| | | 月 | 日 | | 房金 | 加床 | 饮料 | 电话 | 餐费 | 洗衣 | 赔偿 | 合计 | 上日结存 | 今日收款 | 今日应收 | 本日结存 |
| 107 | 申建 | 5 | 2 | | 420 | | 20 | 15 | 70 | 10 | | 535 | | 700 | 535 | 165 |
| 103 | 黄松 | 5 | 1 | | 420 | | | 10 | 50 | 5 | | 485 | 105 | 600 | 485 | 220 |

（续表）

| 房号 | 姓名 | 住店日期 | | 已住天数 | 本日应收 | | | | | | | | 结算 | | | |
|---|---|---|---|---|---|---|---|---|---|---|---|---|---|---|---|---|
| | | 月 | 日 | | 房金 | 加床 | 饮料 | 电话 | 餐费 | 洗衣 | 赔偿 | 合计 | 上日结存 | 今日收款 | 今日应收 | 本日结存 |
| 105 | 李丽 | 5 | 1 | | 420 | 10 | 5 | 30 | | | | 465 | 385 | 200 | 465 | 120 |
| 109 | 陈文 | 5 | 1 | | 420 | | | 12 | 35 | | 20 | 487 | | 700 | 487 | 213 |
| 117 | 方晓 | 5 | 2 | | 210 | | | 12 | 50 | 10 | | 282 | | 500 | 282 | 218 |
| 110 | 于晓 | 5 | 2 | | 210 | | | 5 | 30 | | | 245 | | 300 | 245 | 55 |
| 111 | 郑鑫 | 5 | 2 | | 420 | | | 20 | | | | 440 | | 0 | 440 | −440 |
| 合计 | | | | | 2 520 | 30 | 79 | 265 | 25 | | 20 | 2 939 | 490 | 3 000 | 2 939 | 551 |

表 3-5

**客房营业日报表**

2×19 年 5 月 2 日

| 今日应收 | | 结算 | |
|---|---|---|---|
| 项目 | 金额 | 项目 | 金额 |
| 房金 | 2 520 | 昨日结存 | 490 |
| 加床 | | 今日收款 | 3 000 |
| 酒水食品 | 30 | 今日应收 | 2 939 |
| 电话 | 79 | 今日结存 | 551 |
| 餐费 | 265 | 挂账客户 | |
| 洗衣 | 25 | 单位或姓名 | 金额 |
| 赔偿 | 20 | 郑鑫 | 440 |
| 应收合计 | 2 939 | | |
| 附注 | 今日可出租房间： 间<br>今日实际出租房间： 间<br>出租率： % | 挂账合计 | 440 |

根据表 3-5,编制会计分录如下：

借:应收账款——应收户　　　　　　　　　　　　　　2 939

　　销售费用——电话　　　　　　　　　　　　　　　79

　　　　　——物料消耗　　　　　　　　　　　　　　20

　　贷:主营业务收入——房金　　　　　　　　　　　2 520

　　　　　　　——酒水食品　　　　　　　　　　　　30

　　　　　——其他　　　　　　　　　　　　　　　　25

　　　其他应收款——客房　　　　　　　　　　　　　265

根据出纳员所开,收到收银员交款收银:

借:库存现金                                                        3 000
　　贷:应收账款——预收户                                            3 000

郑鑫挂账的会计分录如下:

借:应收账款——郑鑫                                                440
　　贷:应收账款——应收户                                            440

收回该项挂账欠款时:

借:库存现金                                                        440
　　贷:应收账款——郑鑫                                              440

在上述会计分录中,"销售费用——物料消耗"账户的金额是宾客损坏物品的价值,而客房收取的损坏物品必须换新的价值,不属于销售费用,应该用红字冲减费用。

"主营业务收入——其他"账户记录的是酒店洗衣坊代洗衣物的费用,如果送洗衣店洗涤,则不能作为收入处理,因为在洗涤时酒店代为支付了费用,因此应以红字冲减"销售费用——洗涤费"。酒水、食品的营业收入,根据部门设立账项,月末应根据吧台的商品销售报表结转主营业务成本,会计分录如下:

借:主营业务成本——酒水食品                                         ×××
　　贷:库存商品——客房吧台                                          ×××

在日常核算中,"应收账款——应收户"账户的借方数和"应收账款——预收户"账户的贷方数要单独列示,不相互冲销。月度终了时,在编制资产负债表时,应以其差额列示在相应账户中。如果"应收账款——应收户"账户的借方余额小于"应收账款——预收户"账户的贷方余额,则将其差额在编制资产负债表时列入"预收账款"项目;反之,列入"应收账款"项目。在年度终了时,应编制抵销分录,将两者差额列示于"应收账款——应收户"账户的借方或"应收账款——预收户"账户的贷方。

【例3-2】 琴岛大酒店在年度终了时,其"应收账款——应收户"账户的累计借方余额为8 425 580元,"应收账款——预收户"账户的累计贷方余额为9 845 290元,抵销分录如下:

借:应收账款——预收户                                              8 425 580
　　贷:应收账款——应收户                                           8 425 580

作以上冲账分录后,"应收账款——应收户"账户的余额为零,"应收账款——预收户"账户的贷方余额为1 419 710元。

【例3-3】 琴岛大酒店在年度终了时,"应收账款——应收户"账户累计借方余额为7 635 240元,"应收账款——预收户"账户累计贷方余额为6 985 513元,抵销分录如下:

借:应收账款——预收户                                              6 985 513
　　贷:应收账款——应收户                                           6 985 513

作以上抵销分录后,"应收账款——应收户"账户的借方余额为649 727元,"应收账款——预收户"账户的余额为零。

2）收付实现制

规模较小、房间不多的酒店多采用收付实现制，即当天的营业收入不包括续住宾客尚未结算的房金等收入，营业日报表仅反映当天已结账离店，并已收到款项或已确认挂账的营业收入。采用这种制度，前台结算等操作手续更加简单。但这种方式有两个主要缺点：一是反映的营业收入不够真实，二是预收房金全部存放前台，有时数额很大，既影响酒店资金周转，也不安全。

有的酒店为了弥补收付实现制收入不实的缺点，在月度终了时，查明续住宾客尚未结算的营业收入总额，会计部门作借记"应收账款"账户，贷记"主营业务收入"账户，下月初用红字作相同分录冲销。如此处理，月度反映的客房营业收入虽然接近实际，但每天反映的营业收入仍然不全。

会计部门根据总服务台结账组转来的客房营业日报表（见表3-6）及现款作为酒店当日客房收入，编制借记"库存现金"或"银行存款"账户，贷记"主营业务收入"账户的会计分录。

注意：客房营业日报表是根据当天已结算离店宾客的账单各项目汇总编制。预收房金（称押金）全部留存前台，不交会计部门。每天缴交会计部门的现金仅为当天已收离店宾客的现金总额。这种方法核算手续简单，但不能合理准确地反映酒店当期的财务状况及经营成果。

【例3-4】 2×19年10月3日，琴岛大酒店会计部门收到前台交来"营业收入日报表"及现金等有关结算单据，如表3-6所示。

表3-6

**客房营业日报表**

2×19年10月3日

| 今日应收 | | 结算 | |
|---|---|---|---|
| 项目 | 金额 | 项目 | 金额 |
| 房金 | 6 680 | 收入现金 | 6 560 |
| 加床 | 200 | 挂账 | 880 |
| 酒水食品 | 100 | 合计 | 7 440 |
| 电话 | 80 | 挂账客户 | |
| 餐费 | 300 | 单位或姓名 | 金额 |
| 洗衣 | 50 | 兴中科技公司 | 560 |
| 赔偿 | 30 | 刘兴华 | 320 |
| 合计 | 7 440 | | |

客房部主管：                      制表：

会计部门编制会计分录如下：

（1）确认收入：

借:库存现金 6 560

应收账款——兴中科技公司 560

——刘兴华 320

销售费用——电话费 80

——洗涤费 50

——物料消耗 30

贷:主营业务收入——房金 6 880

——酒水等 100

其他应收款——客房 300

(2)收回挂账现金时:

借:库存现金 880

贷:应收账款——兴中科技公司 560

——刘兴华 320

(3)月末结转酒水、食品等销售成本80元:

借:主营业务成本——酒水等 80

贷:库存商品——客房吧台 80

注意:"销售费用"有三个红字。其中:电话费80元,是收回已付电话费的一部分;洗涤费50元,是收回送洗染店代宾客洗衣的洗涤费;物料消耗30元,是收回被损坏,需要更新的物品价值。

挂账的账单,应随同客房营业日报表移送会计部门,以便组织收款。

有的酒店客房采用现收制,为了使月度营业收入接近真实,查明月末应收续住尚未离店宾客的房金,补列营业收入,下月初以红字冲转。

【例3-5】 琴岛大酒店客房结算采用现收制,月末查明续住尚未离店宾客账单的房金总额为15 000元,补列收入。本月末作如下分录:

借:应收账款——月末尚未结算房金 15 000

贷:主营业务收入——房金 15 000

下月初用红字冲转:

借:应收账款——月末尚未结算房金 15 000

贷:主营业务收入——房金 15 000

### 3.2.3 客房的定价方法

客房是酒店经营的主要商品,而这一商品与别的商品不同,其特点是数量固定,无法临时增加,而且有着强烈的时间性。另外,许多酒店往往集中于一处,行业竞争非常激烈。因此,客房价格的制定必须考虑以下两个因素:一是所制定的房价能使酒店在经济上获得最大利益;二是能使酒店达到最高的客房出租率。酒店客房常用的定价方法有以下几种。

**1. 成本定价法**

一般来说,酒店房价的确定应以成本为基础,因为经济活动最低的要求是保本,因此以成本为基础确定价格是酒店持续经营的前提。在以成本为基础确定价格的情况下,酒店依据各种不同的影响因素适当地调整价格,使之适应酒店和消费者的要求。

成本定价法是以客房的成本为依据确定房价的一种方法。其计算公式如下:

$$房价 = \frac{每间客房日费用}{1 - 增值税税率 - 利润率}$$

其中:

$$每间客房日费用 = 每间日变动费用 + 每间日固定费用$$

$$每间日变动费用 = \frac{年变动费用总额 \div 365}{总间数 \times 出租率}$$

$$每间日固定费用 = 每平方米日固定费用 \times 客房面积$$

$$每平方米日固定费用 = \frac{年固定费用总额 \div 365}{总面积 \times 出租率}$$

$$客房出租率 = \frac{实际出租房间数}{可出租房间数}$$

**【例 3-6】** 琴岛大酒店有客房 300 间,其中标准间 250 间,每间 25 平方米;双套间 30 套,每套 50 平方米;三套间 20 套,每套 70 平方米。保本出租率为 55%,客房全年预计固定费用总额为 860 万元,变动费用总额为 210 万元,增值税税率为 6%,则不同客房的房价计算如下:

$$每平方米日固定费用 = \frac{8\ 600\ 000 \div 365}{(25 \times 250 + 50 \times 30 + 70 \times 20) \times 55\%} = 4.68(元)$$

$$每间日变动费用 = \frac{2\ 100\ 000 \div 365}{300 \times 55\%} = 34.87(元)$$

$$标准间房价 = \frac{4.68 \times 25 + 34.87}{1 - 6\% - 0} = 161.56(元)$$

$$双套间房价 = \frac{4.68 \times 50 + 34.87}{1 - 6\% - 0} = 286.03(元)$$

$$三套间房价 = \frac{4.68 \times 70 + 34.87}{1 - 6\% - 0} = 385.61(元)$$

酒店在确定上述价格以后可以根据具体情况予以调整。例如:

(1) 若以该价格出租,客房的出租率有可能高于 55%,酒店可能盈利。

(2) 若提高房价,在出租率不变的情况下也有可能盈利。

(3) 若该酒店的目标利润率为 20%,则在上述计算公式中,将利润率由 0 改为 20%,即可得出相应的房价。

需要指出的是,若该酒店客房销售结构发生变化,也会影响平均房价和最终的盈利水平。

**2. 目标利润法**

目标利润法是在客房成本计算的基础上,在保证实现目标利润的前提下制定房价的方法。该方法除可利用上述成本定价法进行计算外,还可采用以下简易公式进行计算。

$$房价 = \frac{年总成本 + 目标利润}{365 \times 客房总数 \times 出租率}$$

**【例 3-7】** 琴岛大酒店有客房 390 间,预计年度总成本费用为 1 200 万元,客房的出租率为 65%,预计目标利润为 660 万元,则房价计算如下:

$$房价 = \frac{12\,000\,000 + 6\,600\,000}{365 \times 390 \times 65\%} = 201.02(元)$$

**3. 总经费法**

总经费法是在客房成本预算的基础上制定价格的方法,其计算公式如下:

$$房价 = \frac{日均目标营业额}{客房总数 \times 出租率}$$

$$日均目标营业额 = \frac{每间经费}{1 - 增值税税率 - 利润率}$$

**【例 3-8】** 琴岛大酒店有客房 300 间,预计全年客房固定费用为 5 256 000 元,单位变动成本费用为 30 元/间·天。该酒店旺季经营 7 个月,客房的出租率为 80%,利润率为 35%;淡季经营 5 个月,客房的出租率为 50%,利润率为 4%。若该酒店的增值税税率为 6%,则不同时期的客房平均房价计算如下:

$$旺季每日经费 = \frac{5\,256\,000 \div 12 \times 7 + 30 \times 300 \times 80\% \times 365 \div 12 \times 7}{7 \div 12 \times 365} = 21\,600(元)$$

$$旺季日均目标营业额 = \frac{21\,600}{1 - 6\% - 35\%} = 36\,610.17(元)$$

$$旺季平均房价 = \frac{36\,610.17}{300} \div 80\% = 152.54(元)$$

$$淡季每日经费 = \frac{5\,256\,000 \div 12 \times 5 + 30 \times 300 \times 50\% \times 365 \div 12 \times 5}{5 \div 12 \times 365} = 18\,900(元)$$

$$淡季日均目标营业额 = \frac{18\,900}{1 - 6\% - 4\%} = 21\,000(元)$$

$$旺季平均房价 = \frac{21\,000}{300} \div 50\% = 140(元)$$

**4. 千分之一定价法**

千分之一定价法以投资额的 1‰ 作为客房的出租价格。由于酒店房屋及其附属设备通常约占酒店总投资的 70%,因而客房造价与房价之间有着直接的联系。采用千分之一定价法,可以迅速地作出价格决策。

**【例 3-9】** 琴岛大酒店有客房 500 间,总投资为 8 500 万元,平均每间客房的造价为 17 万元,按千分之一定价法,每间客房的定价为 170 元。

$$170\ 000 \times 1‰ = 170(\text{元})$$

以上所述是酒店制定房价的基本方法,但在实际工作中,酒店还应考虑竞争、顾客需求等因素,对通过公式计算的房价作必要的调整。

### 3.2.4 客房经营业务收入的调整

客房经营业务中企业"主营业务收入"账户平时反映的均是含税收入,月末需要进行调整,将含税收入中的销项税额分离出来,使"主营业务收入"账户反映企业真正的销售额。

$$销售额 = \frac{含税收入}{1 + 增值税税率}$$

$$销项税额 = 含税收入 - 销售额$$

借:主营业务收入            ×××
  贷:应交税费——应交增值税(销项税额)      ×××

# 3.3 酒店客房业务营业成本的核算

由于酒店客房是特殊商品,不同于其他企业,因此其成本主要通过折旧和摊销等方式分别在主营业务成本、销售费用和管理费用中反映。客房部营业成本中所占比重较大的项目是:折旧费、物料消耗、电费、工资费用等。

### 3.3.1 折旧费和修理费的核算

**1. 固定资产折旧的核算**

企业应当根据固定资产所含经济利益的预期实现方式选择折旧方法,可选用的折旧方法包括年限平均法、工作量法、双倍余额递减法和年数总和法。其中,前两种方法称为直线法,后两种方法称为加速折旧法。酒店的固定资产主要包括建筑物、电梯、空调、锅炉等设备设施。酒店的折旧方法一般采用平均年限法。酒店车队的车辆采用工作量法,按行驶里程计算折旧。

1) 年限平均法

年限平均法是指将固定资产的应计折旧额均衡地分摊到固定资产预计使用寿命内,采用这种方法计算的每期折旧额是相等的。采用年限平均法,固定资产年折旧额的计算公式为:

$$年折旧额 = (固定资产原值 - 预计净残值) \div 预计使用年限$$
$$= 固定资产原值 \times (1 - 预计净残值率) \div 预计使用年限$$
$$月折旧额 = 年折旧额 \div 12$$

在实务工作中,为了反映固定资产在一定时期内的损耗程度并简化核算,各期折旧额一般根据固定资产原值乘以各期折旧率计算确定。其中,固定资产折旧率是指一定时期内固定资产折旧额与原值的比例。其具体计算公式为:

$$年折旧率 = (1-预计净残值率) \div 预计使用年限$$
$$月折旧率 = 年折旧率 \div 12$$
$$月折旧额 = 固定资产原值 \times 月折旧率$$

**【例3-10】** 琴岛大酒店客房部上月新购进100台空调,每台6 295元,预计净残值率为5%,预计使用年限为5年,本月应计提折旧额计算如下:

$$本月折旧额 = \frac{100 \times 6295 \times (1-5\%)}{5 \times 12} = 9967.08(元)$$

计提折旧的会计分录如下:

借:销售费用——客房——折旧费     9 967.08
  贷:累计折旧     9 967.08

2)工作量法

工作量法是以固定资产预计可完成的工作总量为分摊标准,根据每期实际工作量计算应提折旧额的一种方法。与年限平均法相比,工作量法实际上是将分配折旧的标准由使用年限改为了工作量,因此工作量法也被归类为直线法。工作量法的基本计算步骤如下:

$$单位工作量折旧额 = \frac{固定资产原值 \times (1-预计净残值率)}{预计总工作量}$$
$$某项固定资产月折旧额 = 该项固定资产当月工作量 \times 单位工作量折旧额$$

**【例3-11】** 琴岛大酒店新购置小货运车一辆,原值80 000元,残值5%,预计行驶500 000千米,本月实际行驶里程为4 000千米,本月应计提折旧额为:

$$本月折旧额 = \frac{80\,000 \times (1-5\%)}{500\,000} \times 4\,000 = 608(元)$$

**知识拓展3-2**

### 固定资产折旧常用方法

(1)年限平均法:

$$年折旧率 = (1-预计净残值率) \div 预计使用年限$$
$$月折旧率 = 年折旧率 \div 12个月$$
$$月折旧额 = 固定资产原值 \times 月折旧率$$

(2)工作量法:

$$单位工作量折旧额 = 固定资产原值 \times \frac{1-预计净残值率}{预计总工作量}$$
$$某项固定资产月折旧额 = 该项固定资产当月工作量 \times 单位工作量折旧额$$

(3)双倍余额递减法:

$$年折旧率 = 2 \div 预计使用年限 \times 100\%$$
$$年折旧额 = 每年年初固定资产账面净值 \times 年折旧率$$
$$最后两年每一年的折旧额 = (倒数第二年年初固定资产账面净值 - 预计净残值) \div 2$$

(4) 年数总和法:

$$年折旧率＝尚可使用年限÷预计使用寿命的年数总和$$

$$年折旧额＝应计提折旧总额×年折旧率$$

$$＝(固定资产原值－预计净残值)×年折旧率$$

**2. 修理费用的核算**

酒店的修理费有小修理和大修理之分。日常小修理费用发生时,直接列入有关费用核算。

**【例 3-12】** 琴岛大酒店发生客房空调维修费用 420 元,以现金支付。

借:销售费用——客房——修理费　　　　　　　　　　　　　　　420

　　贷:库存现金　　　　　　　　　　　　　　　　　　　　　　　　　420

酒店的大修理费主要是进行规模较大的装修费用。现代酒店是以设施的完善、安全、舒适、美观作为竞争条件招揽宾客。所以,每隔 3～5 年便要推陈出新地进行一次全面装修,费用巨大。对这种大额装修费用,有预提法和待摊法两种核算方法。

1) 预提法

由工程专业人员估计并提供若干年后将进行全面装修的费用预算资料,在持续经营的 3～5 年内作预提处理。

**【例 3-13】** 琴岛大酒店客房部准备 4 年后进行一次全面装修,经工程专业人员估算,约需费用 120 000 元,每月预提 2 500 元。

借:销售费用——客房——修理费　　　　　　　　　　　　　　2 500

　　贷:预提费用　　　　　　　　　　　　　　　　　　　　　　　　2 500

4 年后进行装修是采用包工包料形式:

① 装修期间陆续预付装修工程款时:

借:预付账款　　　　　　　　　　　　　　　　　　　　　　　×××

　　贷:银行存款　　　　　　　　　　　　　　　　　　　　　　　　×××

② 装修完毕,根据工程决算单:

借:预提费用　　　　　　　　　　　　　　　　　　　　　　　×××

　　贷:预付账款　　　　　　　　　　　　　　　　　　　　　　　　×××

　　　银行存款　　　　　　　　　　　　　　　　　　　　　　　　×××

如果预提大修费用不足或有余,差额作补列或冲销处理。

**【例 3-14】** 琴岛大酒店客房已预提大修费用 120 000 元,装修工程完毕后,经审定的工程决算总额 125 600 元。施工过程已先后预付工程款 110 000 元,结算时以银行存款 15 600 元付给施工单位。

借:预提费用　　　　　　　　　　　　　　　　　　　　　120 000

　　销售费用——客房——修理费　　　　　　　　　　　　　　5 600

　　贷:预付账款　　　　　　　　　　　　　　　　　　　　　　110 000

　　　银行存款　　　　　　　　　　　　　　　　　　　　　　　15 600

**【例 3-15】** 琴岛大酒店客房已预提大修费用 120 000 元,装修工程完毕后,经审定的工程决算总额 116 000 元。施工过程已先后预付工程款 110 000 元,结算时以银行存款 6 000 元付给施工单位。

|   |   |
|---|---|
| 借:预提费用 | 120 000 |
|    销售费用——客房——修理费 | 4 000 |
|     贷:预付账款 | 110 000 |
|       银行存款 | 6 000 |

2）待摊法

有的酒店如果在经营过程没有预提大修理费用,几年后发生大规模装修费用时,按分期摊销处理。

**【例 3-16】** 琴岛大酒店客房进行全面装修,工程费用总额 120 000 元。施工过程已陆续预付工程款 110 000 元,另以银行存款 10 000 元支付余款。由于没有预提,经研究决定按 4 年分月摊销。

施工过程陆续已支付工程款:

|   |   |
|---|---|
| 借:预付账款 | 110 000 |
|    贷:银行存款 | 110 000 |

按决算单结算时:

|   |   |
|---|---|
| 借:长期待摊费用 | 120 000 |
|    贷:预付账款 | 110 000 |
|     银行存款 | 10 000 |

分月摊销时:

|   |   |
|---|---|
| 借:销售费用——客房——修理费 | 2 500 |
|    贷:长期待摊费用 | 2 500 |

采用待摊法的缺点是装修费用发生以前各期反映的费用水平和利润水平不均衡,作分析比较时应加以说明。

### 3.3.2　洗衣坊的核算

**1. 洗衣坊会计核算的特点**

酒店的洗衣坊一般归客房部管理(也有的归管家部管理),主要为客房、餐饮等部门洗涤布件,也会为住店客人洗涤衣物。洗衣坊从事洗涤业务不产生营业收入,而是通过分摊洗涤成本的方法来补偿其物料消耗。即采用一定的方法将洗涤成本分摊到酒店各相关部门的费用中。

一般来说,洗衣坊发生的费用按照洗衣坊的能源消耗归集。例如,电费可按洗衣设备的功率和需要运转的时间计算确定;燃油是为锅炉提供烘干机蒸汽而产生的消耗,但与供应客房的热水混在一起,因此可按耗油比例确定燃料费用。

**2. 标准成本分摊法**

洗衣坊发生的洗涤费用可以采用实际成本分摊法进行分摊,也可以采用标准成本分摊法进行分摊。本教材介绍标准成本分摊法。标准成本分摊法是根据制定的各种衣服、布件的单位标准成本以及洗涤数量分摊洗涤成本的方法,在这种方法下,酒店内部洗涤成本按标准成本转账。

1) 标准成本的制定

标准成本是根据一定的方法对洗涤部门制定的洗涤成本。洗涤部门可通过测试确定每台机器每次洗涤各种布件的数量,所消耗的人工、材料费、其他费用,计算出其洗涤的单位标准成本。

为了简便,不必对每种布件都进行测试,酒店可以通过一种洗涤量比较大的布件为标准布件(如毛巾)进行测试,并规定标准布件的系数为1,通过每台每次可洗涤的标准布件数量与各种布件每台每次可洗涤的数量之比,折算出各种布件的系数。用标准布件的单位标准成本,乘以各种布件的系数,就可得出每一布件洗涤的标准成本。

**【例 3-17】** 琴岛大酒店洗衣坊选择客房毛巾作为标准布件进行测试,一台洗衣机每次洗涤 80 条,洗涤成本为 0.15 元,单位标准成本为 0.28 元。该台洗衣机每次洗涤口布 160 条,洗涤每条口布的单位标准成本计算如下:

$$口布的系数 = 80 \div 160 = 0.5$$
$$洗涤口布的单位标准成本 = 0.28 \times 0.5 = 0.14(元)$$

2) 内部洗涤成本的计算和分配

期末,根据酒店内部各部门各种布件洗涤数量,分别乘以各种布件的单位标准成本就可计算出各部门的洗涤成本,并转入各有关部门的费用中。

3) 住店客人衣物洗涤成本的计算

本期住店客人衣物洗涤成本,等于本期洗涤部门实际发生的洗涤成本减去内部各部门洗涤成本的转账金额。

**3. 洗衣坊会计核算的步骤**

由于洗衣坊不单独核算收入,所发生的洗涤成本先全部归客房部承担,期末再分配转入相关部门,所以为了计算洗涤成本,应从账面上分析统计洗涤费用和所完成的洗涤量等资料。具体步骤如下:

(1) 从客房部"销售费用"明细账中统计分析洗衣坊水电燃料费用,以及洗衣粉、漂白粉、乳化剂等消耗;从"累计折旧"明细账中查明洗衣坊所占用的固定资产的折旧费用;从"应付职工薪酬"明细账中查明洗衣坊人员应分配的职工薪酬;从客房部布草交接单中查明洗涤布草的实际数量等。

(2) 按照布草成本系数折合洗涤量,计算洗涤成本。

**【例 3-18】** 琴岛大酒店洗衣坊本月发生的成本费用、布草洗涤实际数量以及布草成本系数等资料,如表3-7、表3-8、表3-9所示。

表3-7 　　　　　　　　　　　　　　**成本费用表**

| 项目 | 金额(元) |
|---|---|
| 折旧费 | 3 200 |
| 电费 | 2 400 |
| 燃料费 | 8 200 |
| 应付职工薪酬 | 4 300 |
| 洗涤用品 | 1 200 |
| 合计 | 19 300 |

表3-8 　　　　　　　　　　　　　　**布草洗涤实际数量**

| 项目 | 数量 |
|---|---|
| 单人被套 | 5 000 件 |
| 单人床单 | 5 000 件 |
| 枕套 | 7 000 个 |
| 浴巾 | 5 000 条 |
| 毛巾 | 5 000 条 |
| 台布 | 2 000 块 |

表3-9 　　　　　　　　　　　　　　**布草洗涤成本系数**

| 项目 | 系数 | 项目 | 系数 |
|---|---|---|---|
| 单人被套 | 1.2 | 浴巾 | 0.8 |
| 单人床单 | 1 | 毛巾 | 0.3 |
| 枕套 | 0.3 | 台布 | 1.1 |

洗涤成本的计算如下:

布草洗涤量 = 5 000×1.2＋5 000×1＋7 000×0.3＋5 000×0.8＋5 000×0.3＋2 000×1.1
　　　　　 = 20 800

布草的单位洗涤成本 = 19 300÷20 800 = 0.928(元)

各项布草的单位洗涤成本:

单人被套 = 0.928×1.2 = 1.113 6(元)

单人床单 = 0.928×1 = 0.928(元)

枕套 = 0.928×0.3 = 0.278 4(元)

浴巾 = 0.928×0.8 = 0.742 4(元)

毛巾 = 0.928×0.3 = 0.278 4(元)

台布 = 0.928×1.1 = 1.020 8(元)

由于洗衣坊的费用全部归客房部核算,不单独核算,因此上述计算出的单位成本在计算内部服务费用转移、对外服务计价和结转服务成本时使用。例如,假定上述台布是为本酒店餐饮部洗涤的,则相应会计处理如下:

$$台布洗涤费用 = 2\,000 \times 1.020\,8 = 2\,041.6(元)$$

借:销售费用——餐饮部——洗涤费　　　　　　　　　　　　　　　　2 041.6

　　贷:销售费用——客房部——洗涤费　　　　　　　　　　　　　　　　2 041.6

若企业的洗衣坊洗涤能力有剩余,并承担部分其他酒店的洗涤工作,则获得的收入作为其他业务收入,结转洗涤成本时减少客房部的主营业务成本,增加其他业务支出。

**【例 3-19】** 琴岛大酒店洗衣坊的洗涤能力过剩,为了增加收入,代其他酒店洗涤布草。本月共代其他酒店洗涤单人被套 2 500 件,单人床单 2 500 件,枕套 3 000 个。已知单人床单的单位洗涤成本为 0.928 元,单人被套的单位洗涤成本为 1.113 6 元,枕套的单位洗涤成本为 0.278 4 元。按照成本加利润率 35% 计价。

(1)单位洗涤价格为:

$$单人床单的单位洗涤价格 = 0.928 \times (1+35\%) = 1.252\,8(元)$$
$$单人被套的单位洗涤价格 = 1.113\,6 \times (1+35\%) = 1.503\,36(元)$$
$$枕套的单位洗涤价格 = 0.278\,4 \times (1+35\%) = 0.375\,84(元)$$

(2)应收取的洗涤费:

$$应收取的单人床单的洗涤费 = 2\,500 \times 1.252\,8 = 3\,132(元)$$
$$应收取的单人被套的洗涤费 = 2\,500 \times 1.503\,36 = 3\,758.4(元)$$
$$应收取的枕套的洗涤费 = 3\,000 \times 0.375\,84 = 1\,127.52(元)$$
$$应收取的洗涤费总额 = 3\,132 + 3\,758.4 + 1\,127.52 = 8\,017.92(元)$$

借:应收账款　　　　　　　　　　　　　　　　　　　　　　　　　8 017.92

　　贷:其他业务收入　　　　　　　　　　　　　　　　　　　　　　　　8 017.92

(3)洗涤成本为:

$$单人床单的洗涤成本 = 0.928 \times 2\,500 = 2\,320(元)$$
$$单人被套的洗涤成本 = 1.113\,6 \times 2\,500 = 2\,784(元)$$
$$枕套的洗涤成本 = 0.278\,4 \times 3\,000 = 835.2(元)$$
$$洗涤成本总额 = 5\,939.2(元)$$

借:其他业务成本　　　　　　　　　　　　　　　　　　　　　　　5 939.2

　　贷:销售费用——客房部——洗涤费　　　　　　　　　　　　　　　　5 939.2

(4)收到洗涤费时:

借:银行存款　　　　　　　　　　　　　　　　　　　　　　　　　8 017.92

　　贷:应收账款　　　　　　　　　　　　　　　　　　　　　　　　　8 017.92

$$其他业务利润 = 8\,017.92 - 5\,939.2 = 2\,078.72(元)$$

### 3.3.3 一次性用品和服装的核算

**1. 一次性用品的核算**

客房免费提供给客人的牙具、梳子、拖鞋等一次性用品,都是按照客房应住人数提供的。有些宾客对一次性的用具不喜欢,既不使用也不带走,故楼层服务员可以回收。如加强管理,可以节约一定成本。服务员每天发放一次性物品时,应填写客房消耗用品日统计表(见表3-10),向客房配置一次性用品时应建立监督机制,酒店一次性用品进货时一般是由总仓库进货,然后由客房部批量领用,存放于客房部的仓库中,每天按实际需用量发放。

表3-10                          客房消耗品日统计表

|  | 牙具 | 拖鞋 | 香皂 | 浴帽 | 梳子 | 洗发液 | 沐浴液 | 卷纸 | 针线包 | 火柴 | 信纸 | 信封 | 圆珠笔 |
|---|---|---|---|---|---|---|---|---|---|---|---|---|---|
| 应发数 |  |  |  |  |  |  |  |  |  |  |  |  |  |
| 实用数 |  |  |  |  |  |  |  |  |  |  |  |  |  |  |
| 补发数 |  |  |  |  |  |  |  |  |  |  |  |  |  |  |
| 备注 |  |  |  |  |  |  |  |  |  |  |  |  |  |  |

客房主管:              领班:                  服务员:                  日期:

(1)向酒店仓库领用物品时:

借:物料用品——客房部仓库——一次性用品(分品名进行登记)
　　贷:物料用品——酒店总仓库——一次性用品(分品名进行登记)

(2)月末根据客房部实际消耗报表

借:主营业务成本——客房部——物料消耗
　　贷:物料用品——客房部仓库——一次性用品

月末应进行盘点,确认是否账实相符,如不相符则查明原因作相应处理。

采用以上方法,逐项登记一次性用品,有利于物资监管,但缺点是核算比较复杂。在实际工作中也可采用倒挤的方法进行计算。

采用倒挤法是按照客房部批量领用的数额先直接记入"业务间接费用"账户,月末倒挤出本月实际消耗数额,然后从"业务间接费用"账户转入"主营业务成本"或"销售费用"账户。这种方法核算简便,但不利于物资监管。

 知识拓展3-3 ·············································································

**"业务间接费用"账户的使用**

在实务中,当有些费用发生时,不能分清应负担的部门,可先在此账户中进行归集,期末根据实际情况再结转到相关成本或费用账户;或者在有些费用发生后,当月不能全部转销时,也可先在此账户中核算。本账户属于成本类账户,期末可以保留余额。

**2. 服装费的核算**

酒店是对外窗口行业,对职工仪表、仪容及着装方面有很高要求,因此,酒店按规定支付职工个人的服装费可在成本费用中列支,并且按一线、二线工作人员划分档次。由于服装费一次支出数额较大,为均衡各期成本费用,按权责发生制原则,对服装费可采取预提或待摊方式列支。

【例3-20】 2×19年1月5日,琴岛大酒店委托服装加工厂为企业每位职工更换一套工作服。每人制装费600元,该酒店在职职工为400人,其中行政管理人员100人。服装加工费以银行存款付讫,并在两年内进行摊销。

营业人员服装费＝600×(400-100)＝180 000(元)

行政管理人员服装费＝100×600＝60 000(元)

合计＝180 000＋60 000＝240 000(元)

借:长期待摊费用        240 000

    贷:银行存款        240 000

在两年期间,每月摊销服装费时:

借:销售费用——服装费        7 500

   管理费用——服装费        2 500

    贷:长期待摊费用——服装费        10 000

## 重 要 概 念

成本定价法　目标利润法　总经费法　千分之一定价法　标准成本分摊法

## 思 考 题

1.客房部的业务特点有哪些?

2.客房部营业收入的确认时间及金额如何确定?

3.酒店客房常用的定价方法有哪些?

4.洗衣坊会计核算的步骤是什么?

5.什么是标准成本分摊法?其具体步骤是什么?

# 第4章  酒店餐饮业务
## 的会计核算

## 内容提要

本章主要讲解了酒店餐饮部的管理、成本核算的特点和相关会计核算的内容,包括餐饮业务营业收入的核算和餐饮业务营业成本的核算。

## 重点难点

本章重点为饮食制品成本的核算;难点为餐饮产品毛利率及价格的制定。

## 学习目标

通过本章学习,学生应了解酒店餐饮部的管理和成本核算的特点,应掌握餐饮产品毛利率及价格的制定、原材料成本的核算方法以及餐饮成本的核算方法。

## 知识框架

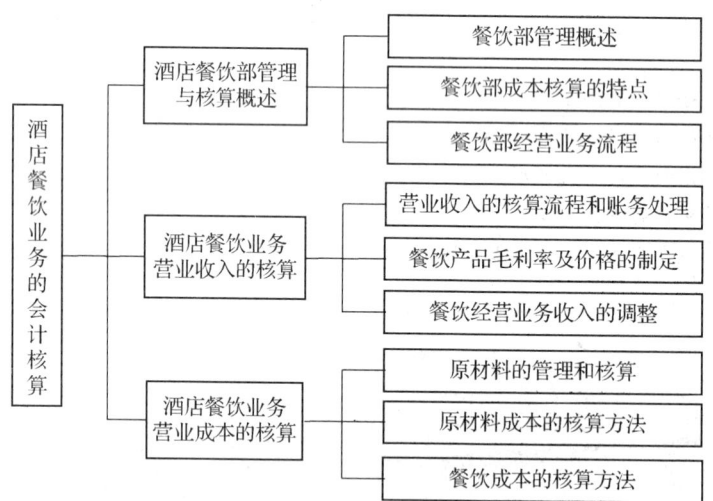

 **引入案例   很多失败的餐饮老板,到倒闭也没明白他输在菜品定价**

很多餐饮生意做得不好的老板,总会纠结于店铺的选址、装修特色、菜肴的口味,但很容易忽略一个非常致命的环节——定价。

如果菜品价格定得合理,哪怕菜肴口味只有70分,企业也能生存。

如果菜品价格不合理,哪怕菜品口味90分,企业可能也得倒闭。

那么菜品价格怎么算合理呢?

有餐饮老板吐槽说,饿了么外卖平台上有商家搞活动满25元减19元,满30元减24元,价格太夸张了,简直是亏本赚吆喝。

如果说这个价格,人家还赚钱,你相信吗?

首先,他网上的单价可能已经比堂吃的价格提升了不少,相当于商场节日里提高原价再打折的套路。

其次,人家可能是把自己贴的钱,当成一种营销投入,把单量排名在短期内刷上去,效果立竿见影,这种做法比花钱去让某些餐饮大号写软文要好很多,可能还更省钱。

最后,最关键的,人家老板有稳定的进货渠道,成本便宜到你想象不到,所以人家赚了吆喝,也赚钱。

餐饮老板定价,最该考虑的是目标消费群体的可接受度——愿意花的价格。至于餐饮老板自我定位的档次、装修,可能是锦上添花,但绝对没大用。

消费者来吃饭,不会算商家装修花了多少钱,营销花了多少钱,他只看菜品质量和价格,最多加点服务。

餐饮菜品定价,不是低就一定好,也不是高就能活。关键要消费者买账。

那么,餐饮菜品到底如何定价?通过本章学习,大家将了解到餐饮产品成本如何核算以及餐饮产品售价如何定制。

# 4.1 酒店餐饮部管理与核算概述

## 4.1.1 餐饮部管理概述

### 1. 餐饮部管理的目标和内容

酒店餐饮部是为客人提供就餐场所和器皿,从事餐饮产品的加工烹制,及时供应客人食用,并为客人提供服务性劳动的部门。餐饮部管理成功与否,直接影响到整个酒店的利益和声誉。

餐饮部管理的目标主要是营造怡人的进餐环境、供应可口的菜点酒水、提供优质的餐饮服务、取得满意的社会效益和经济效益。餐饮管理的内容可概括如下:① 根据市场需求,制定菜单;② 开发餐饮新品种,创造经营特色;③ 加强餐饮推销,增加营业收入;④ 强调食品卫生,确保饮食安全;⑤ 控制餐饮成本,提高盈利水平;⑥ 保持并不断提高食品和服务质量。

### 2. 餐饮部的组织结构

合理的组织结构和科学分工,是做好餐饮工作的前提。但由于各个酒店在规模大小、经营特色、设备设施、员工素质等方面存在差异,所以餐饮部的组织结构也不尽相同。一般来说,餐饮部由采购保管、厨房、餐厅、宴会厅和管事部等几个部门组成(管事部主要负责厨房、餐厅、酒吧等处的环境卫生,有的酒店餐厅等公共场所由公共区域组负责打扫)。餐饮部大多采用四级管理体制,即部门经理、主管、领班和服务员。

## 4.1.2 餐饮部成本核算的特点

餐饮部制作的产品与其他工业企业不同,其生产过程短,花色品种多,数量零星,有时几种餐饮产品同时使用多种原材料同时烹制,不可能在烹制过程中对每一种菜肴作耗用记录。所以,耗用的原材料有时很难划分给某一品种。由于餐饮部的餐饮产品销售与生产是密切结合的,除原材料进价成本外,其他如职工工资、管理费用等,很难分清用于哪个环节,难以分别核算,所以,餐饮部成本核算的显著特点包括:① 餐饮产品成本主要计算原材料成本;② 单一产品的成本核算难度大;③ 餐饮产品成本构成简单。

### 4.1.3　餐饮部经营业务流程

在酒店中,餐饮部是唯一生产实物产品的部门,其产品是直接入口的食品,并且通过销售和服务直接供应给客人就地消费。其业务流程如图4-1所示。

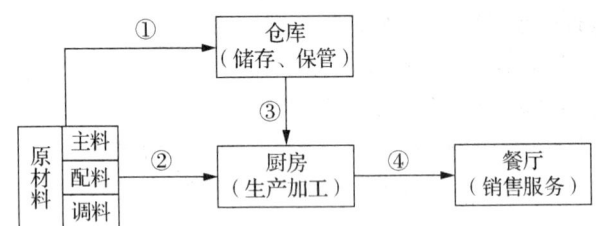

说明:① 验收;② 验收、直拨;③ 领用;④ 制成品。

**图4-1　餐饮部的业务流程**

餐饮部在进行成本管理时,一方面,应精确地计算原材料的消耗和成本的形成;另一方面,应检查产品销售毛利及物价政策的贯彻执行情况,努力使酒店餐饮成本水平达到设计要求。

## 4.2 ｜ 酒店餐饮业务营业收入的核算

为客人提供餐饮、住宿是酒店最基本职能。就这两者而言,餐饮收入在现代酒店经营中占有越来越重要的位置。与客房收入相比,酒店获取餐饮收入的潜力更大。餐饮收入包括酒店附属餐厅、酒吧、宴会厅等部门为客人出售自制和外购餐饮食品而取得的食品收入、饮料收入、香烟收入、服务费收入及其他收入等。

### 4.2.1　营业收入的核算流程和账务处理

**1. 现款现售**

每个酒店餐饮部营业收入的具体核算流程不尽相同,但基本流程大致一样。服务员根据客人要求填写点菜单一式三联,一联交收银员据以结算,一联交厨房安排菜肴,一联交传菜员据以传菜。客人要求结账时,应立即计算出应付款额,交与服务员呈送客人核对并收款。

餐厅收款员于每日营业终了,根据收取的现款编制"销售(营业)日报表",连同收入的现款送交总服务台收银处或直接送交会计部门入账。

如若就餐顾客亦是客房宾客,客人在用餐完毕后,餐厅收款员根据餐厅小票填制宾客消费挂账通知单(见表4-1)与客人结算账款,经客人出示住房卡并在账单上签字后,收款员将其作为编制餐厅部营业日报表(见表4-2)的依据,一同送交总服务台或会计部门,会计部门据此作应收账款处理。若客人需要转账划拨资金结清账款时,可由客人或有关单位人员在账单上签字,作为酒店向付款方结算账款依据。

表 4-1                    **宾客消费挂账通知单**

| 宾客姓名 | | 房号 | | 服务部门 | |
|---|---|---|---|---|---|
| **服务内容** | | | | | |
| 项目 | 单位 | 数量 | 单价 | 金额 | 备注 |
| | | | | | |
| | | | | | |
| 合计 | (大写) 仟 佰 拾 元 ¥ | | | | |

宾客签字:                                          经手人:

**【例 4-1】** 2×19 年 12 月 19 日,琴岛大酒店餐饮部营业情况如表 4-2 所示。

表 4-2                    **琴岛大酒店餐饮部营业日报表**
2×19 年 12 月 19 日

| 项目<br>餐别 | 用餐数 | | 菜品 | 海鲜 | 主食<br>(面点) | 酒水 | 合计 | 结算 | | | | |
|---|---|---|---|---|---|---|---|---|---|---|---|---|
| | 台数 | 人数 | | | | | | 现金 | 挂账 | 餐券 | 应酬 | 合计 |
| 早餐 | 35 | 95 | | | 1 560 | | 1 560 | 945 | | 615 | | 1 560 |
| 中餐 | 38 | 214 | 2 510 | 886 | 374 | 1 900 | 5 670 | 4 405 | 1 265 | | | 5 670 |
| 晚餐 | 51 | 283 | 4 128 | 1 675 | 520 | 2 736 | 9 059 | 5 524 | 3 180 | | 355 | 9 059 |
| 本日合计 | 124 | 592 | 6 638 | 2 561 | 2 454 | 4 636 | 16 289 | 10 874 | 4 445 | 615 | 355 | 16 289 |
| 转外客 | 户名 | | 金额 | 户名 | | 金额 | 户名 | | 金额 | 户名 | | 金额 |
| | 亚兴房产 | | 1860 | 远洋公司 | | 1240 | 兴中科技 | | 379 | | | |
| | | | | | | | | | | 外客小计 | | 3 479 |
| 转寓客 | 户名 | | 金额 | 户名 | | 金额 | 户名 | | 金额 | 户名 | | 金额 |
| | 806 房 | | 273 | 402 房 | | 210 | 1065 房 | | 385 | 1408 房 | | 98 |
| | | | | | | | | | | 寓客小计 | | 966 |
| 备注 | | | | | | | | | | | | |

餐厅主管:                            制表:

会计部门根据当天餐饮部营业日报表,编制会计分录如下:

借:库存现金                                                    10 874

    应收账款(按外客的客户名)                                3 479

    其他应收款——客房寓客                                    966

    管理费用——应酬费                                        355

| | | |
|---|---|---|
| 贷:主营业务收入——菜品 | | 6 638 |
| ——海鲜 | | 2 561 |
| ——面点 | | 2 454 |
| ——酒水 | | 4 636 |
| ——房金 | | 615 |

回收早餐券615元用红字冲减房金收入,是反映房价折让的收入减少。

由于会计部门对客房寓客挂账是按照餐厅部营业日报表反映挂账寓客总额入账的,所以月末应与客房收到餐厅当月转来的寓客挂账通知单的总额核对相符,如有出入,双方应逐笔核对,查明差异及时处理。

**2. 预收订金、饭后结算**

预收订金、饭后结算这种方式大多在接受团体、个人预订宴会、酒会、晚会时采用。通常先由预订单位或个人到总服务台预订处办理预订手续,填写宴会预订单(见表4-3),详细填写宴会规模、标准、用餐时间等。由总服务台分送给各有关部门。酒店餐厅按事先约定时间与规模做好准备。宴会销售价格一般是以桌为计算单位,烟、酒及饮料则另行结算。

表4-3 　　　　　　　　　　　琴岛大酒店宾馆宴会预订单 　　　　　　　　编号:

年　　月　　日

| 订餐单位 | | 人数 | | 联系人 | |
|---|---|---|---|---|---|
| 用餐标准 | | 用餐时间 | | | |
| 酒水等 | | 用餐地点 | | | |
| 通知单位 | | 备注 | | | |

由于宴会是为特定消费团体或个人订做的,若预订团体或个人在规定时间未能赴宴,已制作的餐饮产品又无法转售给其他团体或个人,酒店便会蒙受损失。为减少损失,当总服务台接受客人预订餐时,应按预订宴会桌数及销售价格的一定比例预收相当数额订金。会计部门收到总服务台交来的订金时,借记"库存现金"或"银行存款"账户,贷记"应收账款"账户。宴会结束,其账款结算有以下方法:

若客人以现款结算,收到总服务台报来账单及现款时,按补交款借记"库存现金""银行存款"账户,按预收订金借记"应收账款"账户,按全部销售款贷记"主营业务收入——餐饮收入"账户。

若客人不付现款,事后采用转账结算时,则由承办宴会的单位或个人在结算账单上签字证明,总服务台连同宴会订单等一并送交会计部门据以记账,借记"应收账款"账户,贷记"主营业务收入"账户。

**【例4-2】** 琴岛大酒店接受新华公司预订宴席5桌,预收订金1 500元。待宴会结束,实际结算4 600元,其中商品部烟、酒、饮料款450元,增值税税率6%。账款已由该公司签字但未付,事后集中结算。

(1)收到订金:

借:银行存款 1 500
　　贷:应收账款——新华公司 1 500

（2）宴会结束后,结算应收账款:

借:应收账款——新华公司 4 600
　　贷:主营业务收入——餐饮收入 4 150
　　　　　　　　　　——商品部收入 424.53
　　　应交税费——应交增值税(销项税额) 25.47

### 3. 售票收款、凭票就餐结算方式

一些酒店为方便店内客人就餐,餐饮销售可以采用预先收款并发行内部有价票券,客人凭票就餐。

在这种就餐方式下,酒店进行会计核算时,可在"其他应付款"账户下设置"库存有价票券"和"发行有价票券"两个明细账户;也可单独设置"库存有价票券"和"发行有价票券"账户。现以第二种设账方法为例,说明企业采用出售餐券收款方式的核算。

【例4-3】 琴岛大酒店发行30 000元内部餐券,当月售出27 000元,收回23 000元。

（1）发行内部餐券:

借:库存有价票券 30 000
　　贷:发行有价票券 30 000

（2）月初售出餐券:

借:库存现金 27 000
　　贷:库存有价票券 27 000

（3）月末收回餐券:

借:库存有价票券 23 000
　　贷:主营业务收入——工作餐厅 23 000

（4）票券清点作废:

借:发行有价票券 ×××
　　贷:库存有价票券 ×××

### 4. 团体包餐结算方式

团体包餐合同一般是客人入住酒店时就与总服务台签订的。由总服务台餐饮接待部为厨房下达用餐通知单,其内容包括包餐单位名称、包餐人数、餐别、用餐费用标准、包餐起止时间、会费方式、酒水供应种类、餐桌安排以及其他特殊要求。团体包餐一般分为早、中、晚三餐。厨房接到用餐通知单,按照要求具体安排每日菜点与酒水等内容。

待客人离店前,由酒店结账组向该团直接结账或向其委托单位收取款项。

除上述方式外,酒店餐饮服务还有客房服务用餐,即事先有预约,根据用餐要求,将餐饮送到客人房间。

### 4.2.2 餐饮产品毛利率及价格的制定

餐饮产品是一种特殊零售商品,其价格合理与否直接影响酒店及消费者的切身利益。所以,制定其价格时既要认真研究客人消费心理,考虑顾客对付出价格需要获取更多价值的要求,同时也要满足企业获取合理利润的愿望,以生产餐饮产品所耗原材料成本为基础确定其价格。

实际工作中,餐饮产品价格制定方法很多,常用的定价方法有:成本毛利率法和销售毛利率法。

**1. 成本毛利率法**

成本毛利率法是以餐饮产品单位配料定额成本为基础,按确定的毛利率加成据以计算餐饮产品销售价格的一种方法。其销售价格计算公式如下:

$$销售价格 = 单位产品配料定额成本 + 毛利润额 \qquad ①$$

单位产品配料定额成本是单位产品标准价格与其消耗定额的乘积。毛利润额是加在单位产品配料定额成本之上的金额,它按照下列公式计算确定:

$$毛利润额 = 单位产品配料定额成本 × 成本毛利率 \qquad ②$$

将②式代入①式得:

$$销售价格 = 单位产品配料定额成本 × (1 + 成本毛利率)$$

**【例 4-4】** 琴岛大酒店名菜"鱼香澳洲豆"的制作定额成本为 15 元,按规定的成本毛利率 45% 作价,其销售价格为:

$$销售价格 = 15 × (1 + 45\%) = 21.75(元)$$

成本毛利率法是以成本为基础外加加成额来确定餐饮产品的销售价格,所以它又称外加法。

**2. 销售毛利率法**

销售毛利率法是以餐饮产品销售价格为基础,按照毛利与销售价格之间的比值关系计算确定饮食制品销售价格的一种方法。餐饮产品销售价格的计算公式及其推导过程如下:

$$销售毛利率 = 毛利润额 ÷ 销售价格 \qquad ①$$

$$毛利润额 = 销售价格 × 销售毛利率 \qquad ②$$

$$销售价格 = 单位产品配料定额成本 + 毛利润额 \qquad ③$$

将②式代入③式,经过计算整理可得:

$$销售价格 = 单位产品配料定额成本 + 销售价格 × 销售毛利率 \qquad ④$$

$$= 单位产品配料定额成本 ÷ (1 - 销售毛利率) \qquad ⑤$$

这种方法在餐饮业被称为内扣法。

假设该酒店确定的销售毛利率为 30%,则"鱼香澳洲豆"的销售价格计算方法如下:

$$销售价格 = 15 \div (1 - 30\%) = 21.43(元)$$

上述两种方法在实际工作中都有应用,两者各有优劣:一般而言以配料定额成本求销售价格,采用成本毛利率法较为方便;而根据用餐标准(销售价格)计算用料成本则以销售毛利率法计算为好。因此,在实际工作中就经常需要将两种毛利率进行换算。其换算公式为:

$$成本毛利率 = \frac{销售毛利率}{1 - 销售毛利率} \times 100\%$$

$$销售毛利率 = \frac{成本毛利率}{1 + 成本毛利率} \times 100\%$$

### 4.2.3 餐饮经营业务收入的调整

餐饮企业"主营业务收入"账户平时反映的均是含税收入,月末需要进行调整,将含税收入中的销项税额分离出来,使"主营业务收入"账户反映企业真正的销售额。

$$销售额 = \frac{含税收入}{1 + 增值税税率}$$

$$销项税额 = 含税收入 - 销售额$$

借:主营业务收入　　　　　　　　　　　　　　　　　　　　×××
　　贷:应交税费——应交增值税(销项税额)　　　　　　　　　　×××

## 4.3 | 酒店餐饮业务营业成本的核算

餐饮营业成本是酒店在经营餐饮业务中所发生的直接成本,包括餐饮原材料成本、商品进价成本等。餐饮成本核算与控制是酒店有效提高经营效益的重要内容。

### 4.3.1 原材料的管理和核算

**1. 原材料管理的内容**

1)领用
餐饮部相关人员在领用原材料时,必须做到数量准确,价格能随货同行。

2)库存
每月结账前必须进行清库盘点,同时定期对厨房已领用原材料进行盘点。

3)记账
对高档原材料从总库领用后要由保管人进行收发记录,对贵重海鲜要实行建账管理。

**2. 原材料的分类**

酒店的原材料可以按在餐饮产品中所起的作用分类,又可以按其存放地点分类,以下将分别予以阐述。

1)按作用分类
原材料按其在餐饮产品中所起作用可分为以下四类。

(1)粮食类。它是指制作主食品的大米、面粉和杂粮等原材料。

（2）副食类。它是指肉、禽、蛋、水产、豆制品及各种蔬菜等原材料。副食类的品种繁多，价格高低悬殊。由于副食类材料属鲜活商品，容易变质，应做到随时采购，随时消耗。

（3）干货类。它是指木耳、香菇、贡菜、发菜、干鱼翅、干海参、干贝、红枣、罐装食品等。它们一般不易变质可以储存，采购时可适当考虑一定的库存。

（4）其他类。它是指除粮食类、副食类、干货类以外的各种材料，如食油、盐、酱、醋、糖、味精、香料等。

2）按存放地点分类

原材料按其存放地点可分为以下两类：

（1）入库管理类，一般为购进量大、能较长时间储存的材料。例如，粮食类、干货类和其他类材料。在购进时应办理验收入库的手续，由专人保管，设置材料明细账，建立领料制度，保持合理的储备数量。

（2）不入库管理类，一般为购进量少、且不能长时间储存的材料，如副食类鲜活商品，采取随购随用，购入时直接交厨房验收后使用。

**3. 原材料采购的核算**

餐饮部门购进原材料通常有两种方法：一种是以生产部门（厨房、生产加工车间）提出的原材料采购申请单（见表4-4）为依据，采购员购进后将原材料直接交生产部门，由其验收签字后，交采购员转交会计部门入账；另一种是由仓库保管员按照定额管理的要求提出的以原材料采购申请单为依据，采购员采购后交仓库验收，填写入库单（见表4-5）。

表4-4

原材料采购申请单
年　月　日

| 品名 | 单位 | 单价 | 申购数量 | 批准 | | 备注 |
|---|---|---|---|---|---|---|
| | | | | 数量 | 金额 | |
| | | | | | | |
| | | | | | | |
| | | | | | | |

审批人：　　　　　　　　　　　　　　　　　　　　　　　　　厨师长：

酒店原材料大多由固定的供应商提供，也有少部分是由采购员采购。无论采用哪一种方式，在采购时均先通过"应付账款"账户核算。采购员借支备用金后，报销采购账款时，按报销金额支付现金。

**【例4-5】** 琴岛大酒店采购员王哲预借备用金4 500元，以现金支付。

借：其他应收款——备用金——王哲　　　　　　　　　　　　　　　4 500
　　贷：库存现金　　　　　　　　　　　　　　　　　　　　　　　　　　4 500

**【例4-6】** 琴岛大酒店采购员王哲采购海鲜1 500元，由仓库管理员验收，并填制验收单，交由厨房收货。

借:主营业务成本——海鲜      1 500
  贷:应付账款——王哲      1 500

酒店购进的鲜活商品和干货等物资,绝大部分是由本地区供货商提供的,或是由采购员直接采购的,没有运杂费,所以不必通过"物资采购"账户核算,而直接在"主营业务成本"账户中核算。

【例4-7】 琴岛大酒店采购员张梁采购一批餐具价值2 000元,由仓库保管员验收入库,并填制入库单。

借:物料用品——餐具      2 000
  贷:应付账款——张梁      2 000

【例4-8】 琴岛大酒店采购员张梁报销购进餐具的费用2 000元,以现金支付。

借:应付账款——张梁      2 000
  贷:库存现金      2 000

【例4-9】 琴岛大酒店收到清风纸业提供的餐巾纸15箱,价值1 630元,由仓库保管员验收入库,并填制入库单。

借:物料用品——餐巾纸      1 630
  贷:应付账款——清风纸业      1 630

【例4-10】 琴岛大酒店收到乐凯烟酒经销处一批酒水15 300元,由仓库保管员验收入库,并填制入库单。

借:库存商品——酒水      15 300
  贷:应付账款——乐凯烟酒经销处      15 300

【例4-11】 琴岛大酒店经酒水经销员核对查明,乐凯烟酒经销处送来的酒水已售出8 320元,开来发票并附原由酒店开给的入库单,从银行支付货款。

借:应付账款——乐凯酒水经销处      8 320
  贷:银行存款      8 320

**4. 原材料入库和发出的核算**

原材料入库前应由保管员验收。其中,粮食类、干货类、调味类均由仓库验收入库,并填制一式三联入库单(见表4-5)。

表4-5      ××大酒店入库单
年 月 日

| 品名 | 规格 | 单位 | 数量 | 单价 | 金额 | 备注 |
|---|---|---|---|---|---|---|
|  |  |  |  |  |  |  |
|  |  |  |  |  |  |  |
|  |  |  |  |  |  |  |
|  |  |  |  |  |  |  |

| 合计(大写) | 万 | 仟 | 佰 | 拾 | 元 | 分 | ￥ |

仓库保管员:      采购员:

鲜活类原材料虽不入库,但必须经仓库清点验收,并填开验收凭单(见表 4-6)。全部鲜活原材料直接交厨房收货投入使用。

表 4-6
××大酒店验收凭单
年　月　日

| 品名 | 规格 | 单位 | 数量 | 单价 | 金额 | 备注 |
|------|------|------|------|------|------|------|
|      |      |      |      |      |      |      |
|      |      |      |      |      |      |      |
|      |      |      |      |      |      |      |
|      |      |      |      |      |      |      |

| 合计(大写) | 万 | 仟 | 佰 | 拾 | 元 | 分 | ￥ |
|------------|----|----|----|----|----|----|----|

仓库保管员:　　　　　　　　　　　　　　　　　采购员:

生产部门(厨房、生产车间)根据生产需要领用原料及主要材料时,应填制领料单据以领料,一式三联,一联交仓库记保管账,一联交会计部门入账,一联交领料部门存查。如领料单数量较多,可由仓库定期编填领料单汇总表交会计部门。

【例 4-12】　2 月 17 日,琴岛大酒店厨房领用粳米 400 克,单价 5.80 元,金额 2 320 元。

借:主营业务成本——餐饮业务　　　　　　　　　　　　　　　2 320
　　贷:原材料——粮食类　　　　　　　　　　　　　　　　　　　　2 320

### 4.3.2　原材料成本的核算方法

**1. 主配料净料成本的核算方法**

1) 一料一档的计算方法

原材料经初加工后,只有一种半成品,即称为一料一档。一料一档的下脚料分为两种:一种是不可作价利用的;另一种则是可作价利用的。

下脚料不可作价利用的半成品单位成本等于购进原材料的总成本除以加工后半成品的总重量。其计算公式如下:

$$单位半成品成本 = \frac{购进原材料总成本}{加工后半成品总重量}$$

【例 4-13】　琴岛大酒店购进条虾 12 千克,每千克单价为 70 元,总计 840 元,经加工后得净虾 10.5 千克,虾须等下脚料不计价。计算净虾的单位成本如下:

$$净虾单位成本 = \frac{840}{10.5} = 80(元 / 千克)$$

若有可作价利用的下脚料,则其半成品的单位成本计算公式如下:

$$单位半成品成本 = \frac{购进原材料总成本 - 下脚料金额}{加工后半成品总重量}$$

**【例 4-14】** 琴岛大酒店厨房购进冻牛肉 40 千克,每千克购进价为 56 元,总计 2 240 元。经加工后得净牛肉 28.5 千克,牛筋 9.75 千克,损耗 1.75 千克。牛筋作价为每千克 20 元,计 195 元。计算净牛肉的单位成本。

$$净牛肉单位成本 = \frac{2\,240 - 195}{28.5} = 71.75(元/千克)$$

2) 一料多档的计算方法

原材料经初加工后,产生几种半成品,即称为一料多档,需分别计算各半成品的价格。各半成品价格的总和应等于加工前原材料购进的总价。其中质量好的成本较高,质量较差的成本略低。其计算公式如下:

$$某未定价半成品单位成本 = \frac{原材料购进总值 - 其他半成品价值总和}{该项半成品重量}$$

**【例 4-15】** 火腿一只重 5 千克,每千克 90 元,经处理得:脚爪和脚圈 0.8 千克,每千克 21 元;下方 1.4 千克,每千克 38 元;中方 1.6 千克,每千克 123 元,计算上方的单位成本如下:

$$上方单位成本 = \frac{5 \times 90 - 0.8 \times 21 - 1.4 \times 38 - 1.6 \times 123}{5 - 0.8 - 1.4 - 1.6} = 152.67(元/千克)$$

**2. 熟制品成本的核算方法**

熟制品也称制成品,是指经过加工处理后进行熟处理的半成品或成品,多系卤、熏、拌、煮、烤等方法加工而成,可以用作冷盘菜肴的制成品。其计算公式如下:

$$熟制品单位成本 = \frac{毛料总值 - 下脚料总值 + 调料价值}{熟制品重量}$$

**3. 净料率的应用**

从上述主配料成本核算的方法可以看出,要计算主配料的成本,就必须知道其拆卸、半制和熟处理后的重量,否则就不可能计算出它的净料单位成本。但是,由于酒店餐饮部每天购进的原材料品种和数量都很多,对于原材料处理后的净重,不可能每一样都过秤,否则工作量就太大。因此,餐饮业在长期的实践中总结出净料重量变化的规律,即原料的净料重量和毛料重量之间通常保持一个相对稳定的比率关系,这个比率就是净料率。利用净料率可以直接推算出净料重量或净料的单位成本。净料率的计算公式如下:

$$净料率 = \frac{净料重量}{毛料重量}$$

**【例 4-16】** 琴岛大酒店购进干笋干 12 千克,已知干笋干的净料率为 450%,求可涨发多少水发笋干?

$$净料重量 = 12 \times 450\% = 54(千克)$$

即可涨发 54 千克水发笋干。

利用净料率还可以直接将毛料成本单价换算为净料成本单价,从而方便了各种主配料成本的计算。

**【例 4-17】** 假定鲜猪肚的单价为 36 元/千克,如猪肚的熟品率为 60%,熟猪肚的单价为多少? 若一盘"凉拌肚丝"需要猪肚 250 克,则该菜肴熟猪肚的成本是多少?

$$熟猪肚的单价 = 36 \div 60\% = 60(元 / 千克)$$
$$该菜肴熟猪肚的成本 = 60 \times (250 \div 1\,000) = 15(元)$$

净料率是餐饮成本核算的重要参数,熟悉和掌握一些常见主配料的净料率会给成本核算工作带来许多方便。

**4. 成本系数的应用**

成本系数是指某种原料经加工处理和核算后,所得净料的单位成本与毛料单位成本之比。成本系数可用来解决某些主配料由于市场价格的变化,而需要重新计算净料单价及成本的问题。利用成本系数能方便、迅速、准确地计算出价格变化后净料的单价。成本系数的计算公式如下:

$$成本系数 = \frac{净料单位成本}{毛料单位成本}$$
$$价格变化后的净料单价 = 毛料新进价 \times 成本系数$$

**【例 4-18】** 琴岛大酒店 3 月份购进某种原料 40 千克,单价为 24 元,经加工后得到净料 16 千克(废料不能利用)。如果 7 月份该原料的单价为 28 元,则该原料的净料单价计算如下:

$$3 月份购进原料的净料单价 = (40 \times 24) \div 16 = 60(元 / 千克)$$
$$该原料的成本系数 = 60 \div 24 = 2.5$$
$$7 月份价格变化后的净料单位成本 = 28 \times 2.5 = 70(元 / 千克)$$

### 4.3.3 餐饮成本的核算方法

**1. 餐饮产品总成本的核算方法**

餐饮产品成本计算的核心是核算餐饮产品耗费直接材料(即原材料、调料和配料)的进价成本。由于餐饮产品的生产过程与销售过程相连,产品品种、花样繁多,单位用料杂而零星,产品间工艺技术过程差异较大,既有一料多用也有数料合烹,还有单一品种或配套桌菜等。如果按每一菜(或主食品)核算其单位成本,其成本计算工作不胜其烦,也无必要,加之餐饮产品烹饪工艺技术的特点,计算出来的单位成本很难做到准确。为此,从会计核算角度,餐饮产品成本一般是按餐饮产品全部或大类计算。餐饮产品总成本的计算与结转可分别采用永续盘存法和实地盘存法。

1) 永续盘存法

永续盘存法是指按厨房实际领用的原材料数额计算与结转已销餐饮产品总成本的一种方法。这种方法适用于设置领料制的酒店企业。在永续盘存法下,企业可增设"在产品"

账户。每次领料根据领料单借记"在产品"账户,贷记"原材料"账户。"在产品"账户用来核算厨房已经领用的全部原材料,该账户月末余额即尚未加工完毕或未销售的餐饮产品成本。月末应对厨房未耗用或未销售的原材料、半成品和产成品盘点,填制盘存表交存会计部门计价,确定其结存余额。"在产品"账户月初余额与本期发生额合计、扣除期末结存余额的差额即为本期营业成本数额。计算出已销产品成本时,编制借记"主营业务成本"账户,贷记"在产品"账户的会计分录。若领用的原材料直接在"主营业务成本"账户核算,则应根据领料单随时或定期记入"主营业务成本"账户,编制借记"主营业务成本"账户,贷记"原材料"账户的会计分录,通过"主营业务成本"账户反映原材料投入生产加工过程以及餐饮产品成本形成的情况。

【例4-19】 琴岛大酒店餐饮部设有中餐和西餐两个餐厅,原材料均实行领料制。本月从库房领用原材料情况如下:中餐厅77 480元;西餐厅60 700元,会计部门根据库房领料汇总表等有关凭证,编制如下会计分录。

借:主营业务成本——中餐厅　　　　　　　　　　　　　　　77 480
　　　　　　　　——西餐厅　　　　　　　　　　　　　　　60 700
　贷:原材料——(各类原材料)　　　　　　　　　　　　　138 180

注:为讲述方便,将日常领料均集中在一个会计分录中说明。

酒店餐饮部一般在月终一次计算成本,月终根据"主营业务成本"账户可以取得领用原材料的总额资料,据以确定当月已销餐饮产品成本。如果厨房将当月领用的原材料全部耗用,产品也全部售出,领用原材料的合计金额(即"主营业务成本"账户借方发生额)为本月已销餐饮产品总成本;若当月领用的原材料在月份内未用完,则在计算餐饮产品总成本时,必须将其扣除,据以正确反映已销餐饮产品耗用原材料的实际成本。此时已销餐饮产品成本可用下列公式计算:

$$\text{已销餐饮产品成本} = \text{月初"主营业务成本"账户余额} + \text{本月"主营业务成本"账户发生额} - \text{月末厨房剩余原材料盘存额}$$

月末厨房剩余原材料盘存额(包括已领未用原材料、未售出半成品、产成品),按照规定应办理退库手续,从"主营业务成本"账户予以扣除,以求得已销餐饮产品的实际成本,并保证账实相符。在会计实务中对厨房剩余原材料的盘存额有两种处理方法。

第一种方法,仍保留在"主营业务成本"账户,根据上述公式计算出已销餐饮产品成本,从"主营业务成本"账户转出,以"主营业务成本"账户余额控制厨房月末盘存的实物。

第二种方法,办理"假退料"手续,即原材料实物不动,仍存放在厨房,只是填制一份本月份的退料单,表示该余料已经退库;同时编制一份下月的领料单,表示该项余料又作为下月份的领料出库。会计部门根据各用料部门填制的红字领料单(表示退料),编制如下会计分录:

借:主营业务成本　　　　　　　　　　　　　　　×××
　贷:原材料　　　　　　　　　　　　　　　　　　×××

通过上述结转,"主营业务成本"账户余额即是当月已销餐饮产品的总成本。

【例4-20】 琴岛大酒店设置中餐、西餐两餐厅。各餐厅进行餐饮产品生产而领用的各种原材料直接记入"主营业务成本"账户,2×19年12月份两餐厅"主营业务成本"账户和厨房月末各种原材料结存额等有关资料如表4-7、表4-8、表4-9、表4-10、表4-11所示。

表4-7 主营业务成本

编制单位:中餐厅 单位:元

| 年 | | 凭证编号 | 摘要 | 对方科目 | 借方 | 贷方 | 借或贷 | 余额 |
|---|---|---|---|---|---|---|---|---|
| 月 | 日 | | | | | | | |
| 12 | 1 | | 上月结存 | | | | 借 | 3 269.10 |
| | 10 | | 领用主料 | | 49 120.00 | | 借 | 52 389.10 |
| | 19 | | 领用辅料 | | 16 700.00 | | 借 | 69 089.10 |
| | 22 | | 领用燃料 | | 8 410.00 | | 借 | 77 499.10 |
| | 29 | | 领用调料 | | 3 250.00 | | 借 | 80 749.10 |
| | 31 | | 原材料退库 | | 4 609.54 | | 借 | 76 139.56 |

表4-8 主营业务成本

编制单位:西餐厅 单位:元

| 年 | | 凭证编号 | 摘要 | 对方科目 | 借方 | 贷方 | 借或贷 | 余额 |
|---|---|---|---|---|---|---|---|---|
| 月 | 日 | | | | | | | |
| 12 | 1 | | 上月结存 | | | | 借 | 2 372.60 |
| | 9 | | 领用主料 | | 4 920.00 | | 借 | 7 292.60 |
| | 16 | | 领用辅料 | | 38 690.00 | | 借 | 45 982.60 |
| | 22 | | 领用燃料 | | 12 710.00 | | 借 | 58 692.60 |
| | 29 | | 领用调料 | | 4 380.00 | | 借 | 63 072.60 |
| | 31 | | 原材料退库 | | 2 532.40 | | 借 | 60 540.20 |

月末根据"主营业务成本"账户,厨房盘存表等资料,计算两个餐厅已销餐饮产品成本,其计算过程如下:

中餐厅已销餐饮产品成本 = 3 269.10 + 77 480 - 4 609.54 = 76 139.56(元)
西餐厅已销餐饮产品成本 = 2 372.60 + 60 700 - 2 532.40 = 60 540.20(元)

根据上述计算结果,编制已销餐饮制品成本计算表。

表 4-9

**厨房盘存表**

编制单位:中餐厅　　　　　　　　　2×19 年 12 月 31 日　　　　　　　　　第×页

| 编号 | 品名 | 牌号及规格 | 数量 | 单位 | 单价(元) | 金额(元) | 备考 |
|------|------|-----------|------|------|---------|---------|------|
| (略) | 粉丝 | (略) | 4.5 | 千克 | 4.20 | 18.90 | |
| | 海米 | | 5.0 | 千克 | 31.00 | 155.00 | |
| | 麻酱 | | 18.0 | 千克 | 1.98 | 35.64 | |
| | 标准粉 | | 32.0 | 千克 | 1.20 | 38.40 | |
| | 黄瓜 | | 12.0 | 千克 | 0.80 | 9.60 | |
| | 鸡肉 | | 10.0 | 千克 | 8.20 | 82.00 | |
| | 猪肉 | | 16.0 | 千克 | 8.00 | 128.00 | |
| | 煤 | | 2.0 | 吨 | 80.00 | 160.00 | |
| | …… | | | | | …… | |
| | …… | | | | | …… | |
| 合　计 | | | | | | 4 609.54 | |

(有关人员签字盖章)

表 4-10

**厨房盘存表**

编制单位:西餐厅　　　　　　　　　2×19 年 12 月 31 日　　　　　　　　　第×页

| 编号 | 品名 | 牌号及规格 | 数量 | 单位 | 单价(元) | 金额(元) | 备考 |
|------|------|-----------|------|------|---------|---------|------|
| (略) | 鸡蛋 | (略) | 15 | 个 | 0.22 | 3.30 | |
| | 鸡肉 | | 28.0 | 千克 | 8.20 | 229.60 | |
| | 火腿 | | 10.0 | 千克 | 7.60 | 76.00 | |
| | 番茄 | | 13.0 | 千克 | 1.80 | 23.40 | |
| | 面包 | | 19 | 个 | 1.50 | 28.50 | |
| | 黄油 | | 6.0 | 千克 | 8.60 | 51.60 | |
| | 煤 | | 1.5 | 吨 | 80.00 | 120.00 | |
| | …… | | | | | …… | |
| | …… | | | | | …… | |
| 合　计 | | | | | | 2 532.40 | |

(有关人员签字盖章)

表 4-11                                   **成本计算表**

2×19 年 12 月                                              单位:元

| 部门 | "主营业务成本"账户余额 | | | 厨房月末盘存额 | 已销售餐饮产品成本 |
|------|------|------|------|------|------|
| | 期初余额 | 本期发生额 | 合计 | | |
| 中餐厅 | 3 269.10 | 77 480 | 80 749.10 | 4 609.54 | 76 139.56 |
| 西餐厅 | 2 372.60 | 60 700 | 63 072.60 | 2 532.40 | 60 540.20 |
| 合计 | 5 641.70 | 138 180 | 143 821.70 | 7 141.94 | 136 679.76 |

月末根据成本计算表和厨房盘存表用红字作假退料转账编制如下会计分录:

借:主营业务成本——中餐厅                                    4 609.54

　　　　　　　　——西餐厅                                    2 532.40

　　贷:原材料                                               7 141.94

将上述会计分录记入"主营业务成本"账户求出中、西餐厅"主营业务成本"账户余额,即为本月已销餐饮产品成本。

假设退料数额在次月 1 日原数冲回,编制与上述会计分录相同的蓝字会计分录:

借:主营业务成本——中餐厅                                    4 609.54

　　　　　　　　——西餐厅                                    2 532.40

　　贷:原材料                                               7 141.94

2)实地盘存法

实地盘存法是按照实际盘存原材料的数额,倒挤本期已销餐饮产品所消耗原材料的一种方法。这种方法只适用于会计核算比较简单的小型餐饮企业。在这些企业,平时购进原材料无论是入库管理还是直接交由厨房保管使用,在会计核算上全部记入"原材料"账户。领用原材料时,不办理领料核算手续,会计部门也不进行领料账务处理。待月终,对库存原材料和厨房剩余已领未用原材料、半成品和未出售产成品进行盘点折算后,计算出月末实际剩余原材料总额,然后采取"以存计耗"的办法,求出本期已销餐饮产品耗用原材料成本总额。计算公式如下:

本期已销餐饮产品成本 = 期初原材料结存金额＋本期原材料购进金额－期末原材料盘存金额

根据计算结果进行相应账务处理,编制借记"主营业务成本"账户,贷记"原材料"账户的会计分录。

【例 4-21】 琴岛大酒店月初原材料结存金额为 12 800 元,本月购进原材料 19 260 元,月末盘点库存原材料 5 610 元,厨房已领未消耗原材料和待售产品 1 290 元,餐饮产品成本计算方法如下:

本月已销餐饮产品成本 = 12 800＋19 260－(5 610＋1 290) = 25 160(元)

会计部门根据计算结果,编制如下会计分录:

借:主营业务成本                                            25 160

　　贷:原材料                                              25 160

通过上例计算过程可以看出,不论采用何种方法计算总成本,对于投入生产过程的原材料,在当月未全部消耗的情况下,都存在计算月末厨房已领未用、或未销售原材料结存额的问题,这个问题解决的正确与否直接影响本期已销餐饮产品成本计算的正确性,对企业当期财务成果产生重要影响。因此,企业对实物进行盘存时,应做到计价正确,数量准确,品种齐全,并对未售出半成品、产成品按配料定额和账面价值折合计算其结存金额。例如,月末厨房有未用酱肉 5 千克,按猪肉与酱肉 1.5∶1 的比例,折算成猪肉 7.5 千克,每千克猪肉 6.5 元,共折合金额为 48.75 元。具体折合详见厨房剩余原材料盘存表(见表 4-12)。

表 4-12 　　　　　　　　　　　**厨房剩余原材料盘存表**
编制单位: 　　　　　　　　　年　月　日

| 名称 | 单位 | 单价 | 剩余原材料 | 半成品及产成品 | | | | 合计 | |
|---|---|---|---|---|---|---|---|---|---|
| | | | | 品名: | | 品名: | | | |
| | | | | 折合率 | 折合数量 | 折合率 | 折合数量 | 折合数量 | 折合金额 |
| | | | | | | | | | |
| | | | | | | | | | |

### 2. 餐饮产品单位成本的核算方法

餐饮产品的生产组织形式分为成批生产和单件生产两种,根据其生产组织形式的不同,其单位成本的计算方法可分为先总后分法和先分后总法。

1)先总后分法

先总后分法是指先确定每批产品的总成本,然后计算出每一单位产品平均成本的方法。这种方法适用于产品生产按成批组织并且单位产品所用原料的规格、质量完全相同的产品,如卤制品、主食点心等。单位产品成本计算公式如下:

$$单位产品成本 = \frac{该批产品所耗原材料的总成本}{产品数量}$$

2)先分后总法

先分后总法是指先确定单位产品中所耗用的这种原材料成本,然后逐一相加计算单位产品总成本的办法。这种方法适用于每一产品用料的规格、质量不同的单件产品成本的计算,如炒荤菜等。单位产品成本计算公式如下:

单位产品成本 = 单位产品所耗用原材料成本 + 单位产品所耗用调料成本 + 单位产品所耗用配料成本

 **知识拓展 4-1** ··········································································

### 餐饮业的税负变动

2016 年 3 月,国家税务总局网站发布财税〔2016〕36 号文件,明确自 2016 年 5 月 1 日起,在全国范围内全面推开营业税改征增值税试点工作。建筑业、房地产业、金融业、生活服务业纳税人,由缴纳营业税改为缴纳增值税。而作为国民经济重要组成部分的餐饮业,其税负也将在"营改增"的新政之下经历一番变动。

回顾餐饮业税收制度历史可以发现,自 1994 年起,餐饮行业就被纳入营业税征收范围,以营业额全额按照5%的税率全额增税。而由于营业税是价内税,实际税负作为成本是由企业从其营业额中自行作为支出,因此,在餐饮环节计税后的营业额,要在流转到下一环节再次全额征税,处于餐饮行业下游的各企业会随着流转环节的增多承受更大的税负;流转税的转嫁特性会将所有的税收负担转嫁给最终的购买方,无形之中也就提高了消费者购买餐饮商品所需支付的购买价格。对希望通过价格战来扩大市场份额的餐饮企业造成了不利影响。

随着餐饮行业的利润降低,餐饮业各界人士对餐饮业税制改制的呼声也越来越高。为坚决遏制部分经营者以"营改增"为借口哄抬价格的势头,确保重大改革决策顺利实施,国家发改委组织力量开展执法检查,一经查实企业以"营改增"为借口,捏造涨价信息、哄抬价格、扰乱市场秩序,将责令价格主管部门对其依法作出行政处罚。

作为一般纳税人的餐饮企业,"营改增"后减税是建立在有足够多的进项税额抵扣的前提下。进项税额抵扣需要取得相应的增值税专用发票。如果餐饮企业能够取得其采购原材料、接受应税服务的增值税专用发票,那么税负一定会降低。否则有可能导致进项税额抵扣不足,税收负担不降反升。例如,餐厅去菜市场采购食材,小商小贩是无法提供增值税专用发票的,所以这部分开支无法抵扣。因此,餐饮企业"营改增"之后,对一般纳税人而言,应完善财务制度,切实落实好发票的取得、使用和管理流程,最终降低整体税负。

对于餐饮企业来说,应加强自身的财务核算效果,做好每一笔财务账,以备审计及纳税工作顺利进行;同时也要改善管理工作,选择可以开具增值税专用发票的供应商采购。同时,上游非正规企业为了减少订单的流失也应该向专业化的方向靠拢。只有这样,餐饮业才会向着更为正规、专业、合理的方向发展。

## 重 要 概 念

成本毛利率法　销售毛利率法　一料一档　一料多档　熟制品单位成本　净料率

## 思 考 题

1. 餐饮部成本核算的特点是什么?
2. 餐饮部营业收入都有哪些结算方式?
3. 餐饮产品的定价方法有哪些?
4. 什么是一料一档、一料多档?
5. 厨房剩余原材料的处理方法有哪些?

# 第5章 酒店康乐业务及客运业务的会计核算

## 内容提要

本章主要讲解酒店康乐业务及客运业务的会计核算,主要包括康乐部的基本情况、舞厅和电子游戏机的核算、洗浴中心的核算、美容美发的核算以及客运业务的核算。

## 重点难点

本章重点为舞厅和电子游戏机的核算、洗浴中心的核算、美容美发的核算、客运业务的核算。

## 学习目标

通过本章的学习,学生应掌握酒店康乐业务及客运业务的会计核算;明确康乐部在酒店中的地位;了解康乐部的基本功能。

## 知识框架

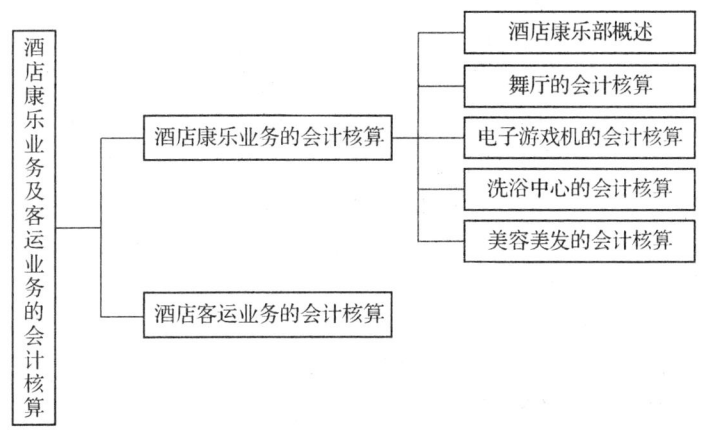

## 引入案例 被取代的客房

在泰国东方大酒店,到处都弥漫着优雅和谐的气氛,一事一物都无懈可击。然而,有一点却难以满足客人的要求。某年夏天,天气格外闷热,人们一有空闲,便不约而同地扑向了游泳池。一时间,池内池外,人山人海,客人在池里一不小心就碰着了别人,十分尴尬。这样,增扩游泳池的计划被提上了议事日程。是扩大现有的游泳池面积,还是另外增设一个游泳池呢? 酒店高层为此召开了专门会议,专题讨论关于游泳池的问题。会议刚开始,全体与会者就达成了共识,即不管付出多大的代价,也要增设游泳池,彻底满足客人的需要,维持最佳酒店的形象。然而,在所有方案中,效果最理想而代价又最高昂的方案就是拆掉使用了不到10年时间的四号楼,在四号楼原址上修建游泳池。四号楼一共有60间客房。在几乎天天客满的世界第一流酒店里,60间客房,无疑意味着一笔可观的收入;相比之下,游泳池对住店客人则是免费享用的。几经讨论之后,泰国东方大酒店忍痛割爱,毅然作出了舍"客房"而取"泳池"的决定。理由很简单:最佳酒店的一切都应该是最好的,游泳池当然也应该是最好的——设置在最好的位置,有足够宽敞的面积,有最豪华的设施和最好的服务,就这样,有60间服役不满10年的客房消失了,取而代之的却是免费使用的公用游泳池。

客房被游泳池取代,可见游泳池或者说是休闲娱乐服务在酒店业中的地位不容忽视,而休闲娱乐场所在酒店中有专门的名称叫作康乐部。

那么酒店康乐部的基本功能是什么?其相关业务如何核算?通过本章学习,大家将系统了解到酒店康乐部及车队的会计核算。

# 5.1 | 酒店康乐业务的会计核算

## 5.1.1 酒店康乐部概述

### 1. 康乐部在酒店中的地位和作用

"康乐"即康体娱乐,从字面上理解就是健康体格、娱乐身心。在酒店中,康乐中心可以说是一个新兴的部门,常常被视为只是装点门面的一个部门。其实不然,这是因为客人的旅游观念有了改变,过去的那种住宿、食膳的陈旧观念得到了更新,人们住酒店不再只是"歇歇脚",而是玩乐、享受。同时,作为高级酒店重要宾源的西方人习惯于体育运动和体育锻炼,这种好习惯,不允许有中断、暂停。这些客人在入住酒店时必然要求酒店具有各种娱乐健身设施。因此,康乐部在酒店中不是可有可无的,而是非有不可的。

康乐业的产生和发展是随着社会经济的发展而产生和发展的,是增加酒店附加值的一个重要手段,康乐项目的完善程度,是衡量一个高星级酒店的一个重要指标。在欧美、日本等经济发达国家,酒店康乐业的发展已经比较深入和成熟。在一些发展中国家,酒店康乐服务的发展还不尽如人意。在我国,随着改革开放的深入和经济的腾飞,康乐业的发展十分迅速。虽然在我国还只是一个年轻的行业,但是无论是投资的规模还是在运营水平上都有较大的提高,取得了长足的进步。随着高星级酒店如雨后春笋般迅速发展,我国酒店康乐业也随之有很大发展与进步。

在紧张的工作、学习之余定期从事康乐活动,已成为人们的一种生活习惯。康乐活动有助于消除疲劳、改良社会风气,同时还能增加地区的旅游吸引力,创造巨大的社会财富。根据中华人民共和国国家旅游局颁布的《旅游涉外酒店星级评定标准》的规定,五星级酒店必须具备舞厅、健身房、按摩室、桑拿浴室、游泳池、网球场、理发(美容)室及多功能娱乐厅等。由此可见,康乐部在高级酒店中的地位是何等重要。

康乐部是酒店等级的重要标志。按照国际惯例及旅游酒店星级评定规格与标准,康乐部是四星级、五星级旅游酒店不可缺少的先决条件。不具备较完备的康乐设施和条件的旅游酒店,无论在其他方面如何优越都一概不能评为四星级、五星级酒店。而在我国,新颖的康乐项目是吸引客源的重要手段,酒店竞争的重要优势就是有独自的特色。以服务项目、设备功能以及价格、营销方式为特色吸引客源是必要的,而仅提供一般食宿功能的酒店在竞争中的优势是有限的。所以,酒店有必要增加康乐项目、改善康乐设施设备条件或开设独特的康乐活动,才能在竞争中取胜。例如高寒地区度假酒店设立高山滑雪项目;海滨度假酒店设立海上帆板运动;城市商务酒店设立氧吧,让客人在紧张的商战后回归自然,迅速恢复体力和精神。而实践亦证明,康乐项目对客源的吸引越来越大,有些人甚至把康乐作为生活中不可缺少的内容。

康乐不仅可作为附属于酒店的机构形式而存在,而且还可作为独立的行业而存在。在国外,独立的康乐经营企业已经发展到一定程度,尽管目前发展水平较低,但发展速度却是相当快的。正因为康乐部在酒店中具有如此重要的地位和作用,以致独立的康乐经营企业在我国迅速发展。作为酒店附属机构的康乐部在经营上不仅面临其他酒店康乐部的竞争,还要面对作为独立形式存在的康乐项目的竞争。

**2. 康乐部的基本功能**

康乐部的康乐项目主要分为运动康体类、保健类、娱乐休闲类。运动康体类主要包括滑雪、游泳、健身(跑步机、自行车)等;保健类主要包括按摩、桑拿、健身浴等;休闲娱乐类主要包括 KTV、酒吧、舞厅等。康乐部主要是为了满足客人体育锻炼、健美运动与休闲娱乐的需求,为客人提供高雅、洁净、卫生、安全的康乐场所并提供康乐技能和技巧指导服务。

### 5.1.2 舞厅的会计核算

酒店的舞厅除了向住店宾客开放以外,大多也向社会公众开放。舞厅的营业收入主要靠门票和娱乐者的酒水食品消费。

舞厅的主要营业收入为门票收入,一般毛利率控制在 50%～70%,其计算公式如下:

$$收费价格 = \left(\frac{设施投资额}{1\,000 \times 接待能力 \times 销售率} + \frac{每场各项的直接费用}{接待能力 \times 销售率}\right) \div (1 - 毛利率)$$

【例 5-1】 琴岛大酒店舞厅开业,购置固定资产 50 000 元,购进茶几、椅子、沙发等10 000 元,全部装修费用 200 000 元,该舞厅接待能力为 100 人,门票销售率为 75%,每场工作人员、乐队、歌手报酬为 2 000 元,规定毛利率为 65%,收费价格计算如下:

$$收费价格 = \left(\frac{50\,000 + 10\,000 + 200\,000}{1\,000 \times 100 \times 75\%} + \frac{2\,000}{100 \times 75\%}\right) \div (1 - 65\%) \approx 86.09(元)$$

一般票价取整数,所以门票价格为 86 元。

每日舞厅会向酒店会计部门出示舞厅营业日报表,如表 5-1 所示。

表 5-1
**舞厅营业日报表**
2×19 年 11 月 1 日

| 营业收入 | | 当天应支付的费用 | |
| --- | --- | --- | --- |
| 项目 | 金额 | 项目 | 金额 |
| 门票收入 | | 日常费用 | |
| 其中:日场 | | 其中:乐队费用 | |

(续表)

| 营业收入 | 金额 | 当天应支付的费用 | 金额 |
|---|---|---|---|
| 项目 | | 项目 | |
| 夜场 | | 歌手费用 | |
| 吧台收入 | | 夜场费用 | |
| 其中:日场 | | 其中:乐队费用 | |
| 夜场 | | 歌手费用 | |

酒店会计部门根据舞厅营业日报表所反映的当天营业收入作账务处理。

借:库存现金
  贷:主营业务收入——门票
            ——酒水食品

支付给歌手和演员的费用一般定期结算:

借:销售费用——工资
  贷:其他应付款——待付舞厅临时工资

以后支付时:

借:其他应付款——待付舞厅临时工资
  贷:库存现金/银行存款

月末结转舞厅吧台销售成本:

借:主营业务成本——酒水食品
  贷:库存商品——舞厅吧台

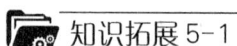 知识拓展 5-1

### 舞厅门票价格的制定

舞厅门票价格要定得合理,既要比照同行业相似档次的价格水平,也要考虑营业成本和应达到的毛利率。在制定门票价格时,对巨额的设备投资和装修费用,一般是按两年半左右使用期计入票价1‰(即"1"为分子,365天乘以两年半左右为分母),毛利率一般控制在50%~70%。

## 5.1.3 电子游戏机的会计核算

电子游戏机收入属于酒店为客人提供娱乐设施而取得的收入。与其他营业收入相比,电子游戏机收入主要是通过金属币的售出来完成的。因此,游戏机金属币要由专人管理,建立严格的收发制度。游戏机币箱的钥匙要由稽核人员或者专人控制。金属币管理人员和稽核人员每天都要清点游戏机箱内的金属币,核对卖出数(游戏机币箱内的总数)是否等于发出数(收银员领取数)与退回数(收银员退回数)的差,将卖出金属币的应收款与实际收到的金额核对相符后,并根据剩余的金属币填制游戏机营业收入日报表,酒店会计部门根据该表进行收入的会计处理。

【例 5-2】 琴岛大酒店发行铜质游戏币 2 000 枚,每枚定价 2 元,由会计部门出纳员保管。电子游戏厅收银员领取 1 000 枚作营业周转之用。营业两天后开启游戏机存币柜,经清点共收到游戏币 800 枚,上交会计部门。收银员用所收营业收入的现金 1 400 元向会计部门换回等值游戏币 700 枚。

(1) 发行游戏币 2 000 枚时:

借:其他应收款——库存游戏币                                            4 000
　　贷:其他应付款——发行游戏币                                         4 000

(2) 电子游戏厅收银员领取周转用游戏币时:

借:其他应收款——游戏币周转金                                         2 000
　　贷:其他应收款——库存游戏币                                         2 000

(3) 收到电子游戏厅缴交营业收入游戏币 800 枚时:

借:其他应收款——库存游戏币                                            1 600
　　贷:主营业务收入——电子游戏                                         1 600

(4) 收银员用现金兑换游戏币 700 枚时:

借:库存现金                                                         1 400
　　贷:其他应收款——库存游戏币                                         1 400

## 5.1.4　洗浴中心的会计核算

洗浴中心是酒店为顾客提供的服务项目,一般具有浴池、淋浴和蒸气浴等设施,附近设有吧台为顾客提供烟酒和食品等。除此之外,洗浴中心还同时伴有助浴、按摩、修脚、踩背、推拿等保健服务。从顾客获得的洗浴中心收入要在服务技师人员与酒店之间进行分成,其比例经双方认定后签订合同据以执行。因此,酒店获得洗浴中心收入的资金,不能全部确认其收入,属于应付服务技师人员报酬部分,要确认负债,待与服务技师人员每月末或数日结算时,再转销负债。服务技师人员报酬有的 10 天结算一次,有的半个月结算一次。

加强对洗浴中心营业收入的监控是洗浴中心收入核算的重要环节。为此,需要对每一张顾客账单进行管理。空白账单,每天一个序号,由会计部门掌握,每天领用办签收手续。当天所领空白账单如未用完,全部交还会计部门销号。已与顾客结算收款的账单附营业日报表交会计部门审核入账。每日营业结束,洗浴中心管理人员要根据当日业务情况,编制洗浴中心营业日报表(见表 5-2),会计部门根据该表确认当日的营业收入。

【例 5-3】 琴岛大酒店 2×19 年 10 月 10 日营业情况如表 5-2 所示。

表 5-2

**洗浴中心营业日报表**

2×19 年 10 月 10 日　　　　　　　　　　　　　　金额单位:元

| 收入项目 | 计价单位 | 单价 | 收入合计 | | 其中 | | 分成比例 | 备注 |
|---|---|---|---|---|---|---|---|---|
| | | | 服务量 | 金额 | 酒店收入 | 服务收入 | | |
| 蒸气浴 | 人次 | 50 | 100 | 5 000 | 5 000 | | | 收入全部为现金 |
| 助浴 | 人次 | 30 | 10 | 300 | 150 | 150 | 5:5 | |
| 按摩 | 个钟 | 100 | 50 | 5 000 | 2 000 | 3 000 | 4:6 | |
| 修脚 | 人次 | 30 | 10 | 300 | 120 | 180 | 4:6 | |
| 推拿 | 人次 | 20 | 20 | 400 | 200 | 200 | 5:5 | |
| 踩背 | 人次 | 15 | 24 | 360 | 180 | 180 | 5:5 | |
| 酒水 | | | | 2 400 | 2 400 | | | |
| 合计 | | | | 13 760 | 10 050 | 3 710 | | |

确认蒸气浴收入和应付分成收入:

借:库存现金　　　　　　　　　　　　　　　　　　　　　　　　　　　13 760

　贷:主营业务收入——蒸气浴　　　　　　　　　　　　　　　　　　　　　5 000

　　　　　　　　——酒水　　　　　　　　　　　　　　　　　　　　　　2 400

　　　　　　　　——其他　　　　　　　　　　　　　　　　　　　　　　2 650

　　其他应付款——应付服务分成　　　　　　　　　　　　　　　　　　　3 710

支付服务收入分成时:

借:其他应付款——应付服务分成　　　　　　　　　　　　　　　　　　　3 710

　贷:库存现金　　　　　　　　　　　　　　　　　　　　　　　　　　　3 710

洗浴中心销售酒水、食品等,月末结转主营业务成本冲销主营业务收入:

借:主营业务收入——酒水

　贷:库存商品——蒸汽浴酒吧

### 5.1.5　美容美发的会计核算

美容美发是酒店为顾客提供的一项服务,主要是指为顾客进行推理、修剪、洗吹、烫发和制作各式新颖发型,包括理发、烫发、染发与配制假发,美容美甲等。

根据服务对象和服务方式的不同,美容美发收款采取以下几种方式。

**1. 先服务后收款**

即为顾客服务完毕,直接向顾客收取现款,并随时记入营业收入台账。每日营业终了,根据营业收入台账加计汇总当日收入总额,与实收数核对,据以填制营业收入日报表,连同收取的现款向会计部门报账。

**2. 先收款后服务**

一般大、中型美容厅设有统一收款台,由收款员专门负责收款。顾客来厅美容时,先到收款台按照自己要求的服务项目交款,收款员收款后,发给小票,顾客凭票美容美发,也可按意愿挑选服务人员进行美容美发。营业终了,收款员应将收到的现金与各个服务人员的票核对,核对无误后,填制营业收入日报表。营业收入日报表一般一式两份,一份留底,一份连同现金送交会计部门记账。

**3. 预缴资金**

有些酒店的美容美发厅发行消费卡,持卡的客户先预缴一定款项,消费时,从其消费卡中减去相应的消费金额。由于持有消费卡的客户一般可以享受较大幅度的折扣,发卡的单位又可以及时收回投资,因此这种结算方式发展很迅速。

在实行这种收款模式的情况下,酒店售出消费卡时,借记"库存现金"账户,贷记"预收账款——消费卡"账户;当顾客消费之后,按照实际应该收取的款项,借记"预收账款——消费卡"账户,贷记"主营业务收入"账户。

无论采用哪种收款方式,会计部门根据营业收入日报表入账。

【例5-4】 2×19年3月21日,琴岛大酒店美容美发厅交来现金和营业收入日报表,如表5-3所示。

表5-3

**营业收入日报表**

2×19年3月21日

| 项目 | 服务人次 | 单价(元) | 金额(元) |
|---|---|---|---|
| 美容部收入 | | | 7 250 |
| 其中:脸部护理 | 50 | 100 | 5 000 |
| 纹眼线 | 10 | 200 | 2 000 |
| 美甲 | 5 | 50 | 250 |
| 美发部收入 | | | 7 600 |
| 其中:剪发 | 20 | 40 | 800 |
| 吹风 | 20 | 10 | 200 |
| 烫发 | 12 | 400 | 4 800 |
| 焗油 | 8 | 200 | 1 600 |
| 发质护理 | 2 | 100 | 200 |
| 营业收入合计 | | | 14 850 |

经审核无误,编制会计分录如下:

借:库存现金　　　　　　　　14 850
　　贷:主营业务收入　　　　　　　14 850

# 5.2 酒店客运业务的会计核算

酒店车队拥有的车辆大部分是轿车,也有少数中巴、大巴和小型货车。车队除有偿向寓客提供服务外,也对外承揽客运和货运业务。酒店自用车辆应与车队的车辆分开管理,自用车辆的一切费用在"管理费用"账户核算,与车队核算无关。如果酒店因工作需要,使用车队的车辆,按内部收费标准,作费用转移处理。

若车队有营运收入,便必须计算其营运成本并单独核算。对车队的收入和费用,分别使用"其他业务收入"和"其他业务成本"两个账户作账务处理。为了考核车队各项费用支出,车队的"其他业务成本"账户应采用多栏式账页进行登记和管理。

车队"其他业务成本"明细账为多栏式账页,分设工资、福利费、差旅费、折旧费、修理费、燃料费、物料消耗、水电费、劳动保护费、车船税、养路费、路桥费、年检费、应酬费、其他等项目。其格式如表5-4所示。

表5-4                 **"其他业务成本"明细分类账**

| 年 | | 摘要 | 借方金额 | 贷方金额 | 余额 | 借方项目分析 | | | | | | | | | | | | | |
|---|---|---|---|---|---|---|---|---|---|---|---|---|---|---|---|---|---|---|---|
| 月 | 日 | | | | | 工资 | 职工福利 | 差旅费 | 折旧费 | 修理费 | 燃料费 | 物料消耗 | 水电费 | 劳动保护费 | 车船税 | 养路费 | 路桥费 | 年检费 | 应酬费 | 其他 |
| | | 购汽油 | | | | | | | | | | | | | | | | | | |
| | | 购维修器材 | | | | | | | | | | | | | | | | | | |
| | | 交养路费 | | | | | | | | | | | | | | | | | | |
| | | 交路桥费 | | | | | | | | | | | | | | | | | | |
| | | …… | | | | | | | | | | | | | | | | | | |
| | | 本月合计 | | | | | | | | | | | | | | | | | | |

**【例5-5】** 琴岛大酒店车队营运一个月的收入和部分费用支出情况如下:

(1) 全月客货运收入共138 500元。

| | |
|---|---|
| 借:库存现金 | 138 500 |
|   贷:其他业务收入 | 138 500 |

(2) 汽油费支出合计28 495元。

| | |
|---|---|
| 借:其他业务成本——燃料费 | 28 495 |
|   贷:库存现金 | 28 495 |

(3) 维修器材费用共3 240元。

| | |
|---|---|
| 借:其他业务成本——修理费 | 3 240 |
|   贷:库存现金或银行存款 | 3 240 |

(4) 计提车辆折旧费1 250元。

| | |
|---|---|
| 借:其他业务成本——折旧费 | 1 250 |
|   贷:累计折旧 | 1 250 |

(5) 发放劳保用品工作服、手套等费用共计2 340元。

借:其他业务成本——劳动保护费      2 340

  贷:物料用品      2 340

(6)购入洗涤剂、擦车布等共支出 125 元。

借:其他业务成本——物料消耗      125

  贷:库存现金      125

(7)支付养路费 2 890 元。

借:其他业务成本      2 890

  贷:库存现金或银行存款      2 890

(8)支付路桥费 1 860 元。

借:其他业务成本——路桥费      1 860

  贷:库存现金      1 860

车队营运车辆经批准自用时,使用部门应填写车队营运车辆自用批准单,经总经理批准后,车队调派车辆,并按规定的内部收费标准计费,作费用转移处理。

# 重 要 概 念

开办费　主营业务成本　主营业务收入　其他应付款　营业成本

# 思 考 题

1. 康乐部的基本功能是什么?

2. 舞厅门票价格如何确定?

3. 洗浴中心应如何进行会计核算?

4. 如何确认电子游戏机收入?

5. 车队如何进行会计核算?

# 第6章 酒店商品购销业务的会计核算

## 内容提要

本章主要讲解了酒店商场的特点及其会计核算特点;商品购进和进销差价的核算;鲜果商品的核算;委托代销商品和销售折让的核算。

## 重点难点

本章重点为售价金额核算法的特点及应注意的问题,商品购进及进销差价的核算,鲜果商品的核算以及委托代销商品的核算;难点为商品进销差价的核算、鲜果商品的核算以及委托代销商品的核算。

## 学习目标

通过本章学习,学生应理解售价金额核算法的内容及应注意的问题;掌握商品购进及进销差价的核算,鲜果商品的核算以及委托代销商品的核算;熟悉销售折让的核算。

## 知识框架

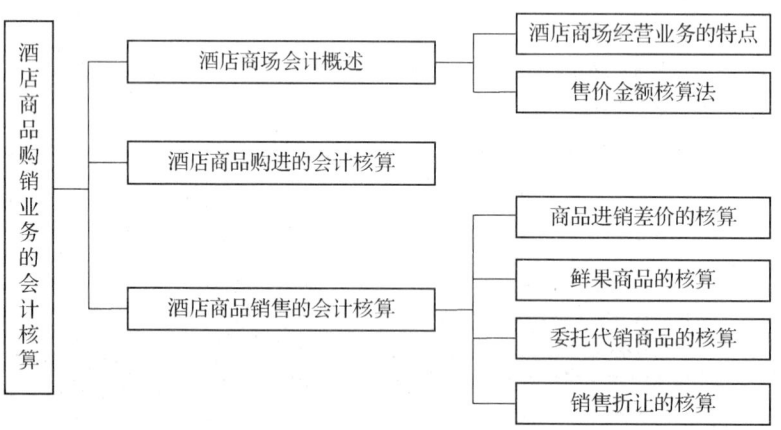

## 引入案例 无奈的旅游客人

某城市的一家宾馆里,住进一支来自外国的旅游团队。他们白天游览几个本地著名景点,晚餐后结伴来到宾馆商场。商场的面积不大但布置十分豪华,颇具欧洲风格,商品种类不少,并且都有着精美的外包装。

　　旅游团队的客人很快便走遍了商场,正朝门口离开时,一位服务员用英语询问客人是否需要帮助。一位客人说,他们想带几套有关当地名胜的明信片回去,但走遍了商场却没有找到。"很对不起",服务员坦诚地告诉客人,"商场里没有明信片出售"。另一位客人告诉服务员,他想买几件具有浓郁地方特色的玩具送给孙子、孙女。服务员听后又是无可奈何地说"十分抱歉,我们商场主要出售南方生产的玩具,还有一些香港产的电动玩具"。还有客人想购买当地的工艺品,但商场也没有。最终,旅游团队的客人只能无奈地离开了商场。

　　一些酒店的功能齐全,旅游客人的吃、住、行、娱、购等活动在酒店里已经能够获得很大程度的满足。但本例中的商场,由于不能供应客人所需要的商品而失去了几笔可能是很可观的生意。商场应专设特色商品柜,让客人购买到满意的商品,这是酒店发展的必然,是旅游客人的需求。

　　酒店的商场与一般的商场相比,有什么特点? 酒店的商品应如何进行会计核算呢? 通过本章的学习,这些问题将得到解决。

# 6.1 | 酒店商场会计概述

## 6.1.1　酒店商场经营业务的特点

　　为拓宽服务领域,广开财源,提高服务质量,很多酒店附设商场、购物中心、小卖部等。酒店所附设的商场,其主要销售对象为住宿酒店的宾客,规模一般不大,经营的商品品种也不会很多,一般为日用小百货、小食品、软饮料、烟酒、旅游纪念品或工艺美术品等。

　　酒店商场一般不进行独立核算,也不直接向外进货,而是由酒店统一进货。商场的销售一般采用"一手钱、一手货"的现金结算方式。除比较贵重的高档商品外,其他的物品销售一般不填制销售凭证,销售业务当场即可完成。

　　酒店商场一般采用售价金额核算法进行核算。售价金额核算法是以售价金额控制各实物负责人经营商品进、销、存情况的一种核算方法。

## 6.1.2　售价金额核算法

**1. 售价金额核算法的内容**

1）建立实物负责制

　　建立实物负责制是实行售价金额核算的基础。酒店商场属于报账单位,以其为实物负责人,也可以将商场负责人或营业员作为实物负责人。实物负责人对其经管的商品负全部经济责任。

2）售价记账、金额控制

　　通过库存商品的售价金额来控制库存商品的数量和实物负责人的经济责任是售价金额核算法的核心内容。"库存商品"总账和明细账都按商品售价记账,"库存商品"明细账按实物负责人设置账户,总账记载和反映全部商品的销售金额,不记实物数量,其账面余额,就是实物负责小组所经营的商品。

　　商场内放置的贵重高档商品,实物负责人必须对其设置账卡,逐日登记这些商品的收入、付出和结存,以便加强管理。

3)设置"商品进销差价"账户

由于库存商品按售价记账,因此需要设"商品进销差价"账户,以反映商品售价和进价之间的差额,并在期末计算和分摊已售商品的进销差价,计算商品销售成果。

4)采用实地盘点法

由于"库存商品"明细账只反映和控制了库存商品的售价金额,因此,酒店商场每月至少进行一次全面盘点,确定库存商品的实存数量与售价金额,并以此与账面结存金额进行核对。若两者不相符,要及时查明原因进行处理,以达到账实相符,保护企业财产安全的目的。

**2. 售价金额核算法应用中应注意的问题**

实行售价金额核算是一种比较好的商品核算方法。这种方法能够简化核算手续,减少工作量,明确职责,充分调动职工群众参加经营管理的积极性。但是,售价金额核算法也存在一些问题,如营业员既管钱又管货,既售货又收款,加上一些商品不设数量账,平时难以掌握每种商品的变动情况,发生差错不易查清原因,难以分清责任。

为了提高其核算质量,在实际工作中,还应做好以下几个方面的工作。

1)建立健全各业务环节的管理制度

实行售价金额核算,以售价金额控制各实物负责人所经管的商品,要做到账实相符,必须健全各业务环节的手续制度。对商品的购进、销售、调价升溢、损耗等业务,必须严格按照规定手续办理。对销货款应建立复点制度,按规定的交款程序和时间送交出纳人员。

2)加强报账和对账工作

实物负责人应定期编制商品进销存报表,并将其连同有关原始凭证一块报送会计部门。会计部门经审核后,据以调整实物负责人所经管的商品金额,以利于贯彻经济责任制。

3)加强商品损耗和溢余的管理

对于有损耗的商品,应经过测定并参考历史资料,逐步制定合理的、分品种的或综合的商品损耗率。

4)加强价格管理

实行售价金额核算,售价变动必然引起金额变动。因此,必须加强价格管理。为了搞好价格管理,要实行明码实价,做到有货有价,有价有签,挂牌公布,严格按标签、牌价销售商品,实行顾客监督。价格变动时,应立即调整"库存商品"和"商品进销差价"账户,保证账实相符。

# 6.2 | 酒店商品购进的会计核算

由于酒店商场不独立核算,购进商品由酒店统一办理,总仓库收货后交商场销售。酒店购进的物资既有酒店各部门需用的物品,也有商场的商品,品种繁多,购进时很难严格区分哪些是专供商场的物资,故商场的商品一般没有进货的增值税发票。

商场从仓库领出商品时,由经办人员填开一式四联的商品内部验收调拨单。其中,第一联存查,第二联交会计部门入账,第三联交仓库发货,第四联交商场收货。商品内部验收调拨单的格式详见表6-1。

表6-1

**商品内部验收调拨单**

调入部门:商场 　　　　　　　　　2×19年1月31日 　　　　　　　　　金额单位:元

| 商品编号 | 品名 | 规格 | 进货价格 | | | | 销售价格 | | | | 差价金额 |
|---|---|---|---|---|---|---|---|---|---|---|---|
| | | | 单位 | 数量 | 单价 | 金额 | 单位 | 数量 | 单价 | 金额 | |
| | 纸巾 | 1×10 | 件 | 30 | 35 | 1 050 | 包 | 300 | 5 | 1 500 | 450 |
| | 矿泉水 | 1×6 | 件 | 15 | 12 | 180 | 瓶 | 90 | 3 | 270 | 90 |
| | 口香糖 | 1×10 | 件 | 5 | 85 | 425 | 瓶 | 50 | 10 | 500 | 75 |
| | | | | | | | | | | | |
| 调出部门:仓库 | | | 合计 | | | 1 655 | | | | 2 270 | 615 |

主管人　　　　财会　　　　业务　　　　出纳　　　　记账　　　　复核　　　　验收　　　　制单

根据表6-1编制会计分录如下:

借:库存商品——商场　　　　　　　　　　　　　　　　　　　　　　　2 270

　　贷:库存商品——仓库　　　　　　　　　　　　　　　　　　　　　1 655

　　　　商品进销差价　　　　　　　　　　　　　　　　　　　　　　　615

商品内部验收调拨单填制要点如下:

(1)"进货价格"栏的"单位",按仓库发出件数填列(如件、箱、盒等),"进货价格"栏的"单价"和"金额"按实际进价填列。

(2)"销售价格"栏的"单位",按整件拆零后的单位填列(如条、瓶、个等),"销售价格"栏的"单价"按核定的销售单价填列。

(3)"差价金额"栏按"销售价格"栏"金额"减去"进货价格"栏"金额"后的余额填列。

 **特别提示6-1**

**"商品进销差价"账户**

"商品进销差价"账户核算商品进价和售价之间的差额。"商品进销差价"是资产类账户,它是"库存商品"账户的抵减账户。期末,"库存商品"账户余额减去"商品进销差价"账户余额,就是库存商品的进价余额。T形账户如表6-2所示。

| 表6-2 | 商品进销差价 | |
|---|---|---|
| 借方 | | 贷方 |
| ③ 月末分摊已销商品应分摊的进销差价,商品加工付出、出租转出应分摊的进销差价;<br>④ 商品调价减值以及商品短缺而转销的进销差价 | 期初余额<br>① 购进、加工收回、销货退回商品售价大于进价的差价;<br>② 商品调价以及商品溢余增加的进销差价 | |
| | 期末余额:库存商品的进销差价 | |

**相关思考6-1**

**售价金额核算法下商品销售的处理?**

商场的商品销售业务,一般直接面向个人消费者,因此除少数个人采用信用卡和企事业单位采取转账结算外,商品销售收入主要是采用收取现金方式。

(1)会计部门根据酒店商场交来的商场营业日报表:

借:库存现金
　银行存款等
　　贷:主营业务收入 【按含税售价】

(2)现金解缴银行后:

借:银行存款
　　贷:库存现金

(3)每天结转库存商品成本:

借:主营业务成本 【按售价金额】
　　贷:库存商品

# 6.3 | 酒店商品销售的会计核算

## 6.3.1 商品进销差价的核算

酒店商场采用售价金额核算法对商品购销进行核算,进销存全部按照售价进行记录,其销售成本核算过程如表6-3所示。

表6-3　　　　　　　售价金额核算法下商品销售成本的核算过程

| 步骤 | 分录/公式 |
|---|---|
| (1)平时按商品售价结转商品销售成本 | 借:主营业务成本<br>　贷:库存商品 |
| (2)月末计算已销商品的进销差价,计算已售品的实际成本 | 商品销售成本=已销商品售价-已销商品应分摊的进销差价 |
| (3)月末结转已销商品的进销差价 | 借:商品进销差价<br>　贷:主营业务成本 |

酒店商场计算已销商品进销差价的方法有以下三种。

**1. 综合差价率计算法**

综合差价率计算法是根据全部商品存销比例平均分摊进销差价的一种方法。其具体计算步骤是：

（1）计算综合差价率：

$$综合差价率 = \frac{结转前"商品进销差价"账户余额}{月末"库存商品"账户余额 + 本月商品销售收入} \times 100\%$$

（2）计算已销商品进销差价：

$$本月已销商品进销差价 = 本月商品销售收入 \times 综合差价率$$

（3）根据计算出来的已销商品应分摊的进销差价：

借：商品进销差价

　　贷：主营业务成本

**【例 6-1】** 琴岛大酒店附设商场 6 月 30 日有关资料如表 6-4 所示。

表 6-4　　　　　　　　　　　　**已售商品进销差价计算表**

| 月末结转前商品进销差价余额 | 月末库存商品余额 | 本月主营业务收入发生额 |
| --- | --- | --- |
| 8 000 | 14 300 | 17 700 |

计算综合差价率并结转已销商品进销差价如下：

$$综合差价率 = 8\,000 \div (14\,300 + 17\,700) \times 100\% = 25\%$$
$$本期已销商品进销差价 = 17\,700 \times 25\% = 4\,425(元)$$

根据计算结果：

借：商品进销差价　　　　　　　　　　　　　　　　　　　　　　　　4 425

　　贷：主营业务成本——商品销售业务　　　　　　　　　　　　　　　　4 425

使用综合差价率计算法计算简便易行,但由于各种商品的实际进销差价率不同,各类商品的销售比重也不同,按照同一个差价率计算的结果不够准确。因此,这种计算方法主要适用于各类商品的进销差价率相似的商场。

**2. 分类差价率计算法**

分类差价率计算法与综合差价率计算法基本相同,但是这种方法要求"库存商品""主营业务收入""主营业务成本""商品进销差价"等账户按照商品大类设置明细账,并按商品大类分别计算其差价率,汇总起来即形成商场全部商品的进销差价。

**【例 6-2】** 琴岛大酒店附设商场采用分类差价率计算法计算进销差价,12 月 31 日根据有关各明细账户的资料计算各柜组已销商品进销差价,如表 6-5 所示。

表6-5                          已售商品进销差价计算表

| 营业柜组名称 | 月末结转前商品进销差价余额 | 月末库存商品余额 | 本月主营业务收入发生额 | 差价率 | 已销商品进销差价 | 期末商品进销差价 |
|---|---|---|---|---|---|---|
| ① | ② | ③ | ④ | ⑤=②÷(③+④) | ⑥=④×⑤ | ⑦=②-⑥ |
| 工艺品 | 8 000 | 19 400 | 9 900 | 27.30% | 2 702.70 | 5 297.30 |
| 百货 | 9 450 | 21 600 | 28 510 | 18.86% | 5 376.99 | 4 073.01 |
| 食品 | 2 900 | 2 425 | 4 600 | 41.28% | 1 898.88 | 1 001.12 |
| 合计 | 20 350 | 43 425 | 43 010 | —— | 9 978.57 | 10 371.43 |

根据以上计算结果,作如下会计处理:

(1)确认销售收入:

借:库存现金                                                      43 010
    贷:主营业务收入——工艺品                                        9 900
              ——百货                                          28 510
              ——食品                                           4 600

(2)结转销售成本:

借:主营业务成本——工艺品                                          9 900
            ——百货                                          28 510
            ——食品                                           4 600
    贷:库存商品——商场实物负责人                                   43 010

(3)结转已售商品进销差价:

借:商品进销差价——工艺品                                         2 702.70
              ——百货                                         5 376.99
              ——食品                                         1 898.88
    贷:主营业务成本——工艺品                                       2 702.70
              ——百货                                         5 376.99
              ——食品                                         1 898.88

分类差价率计算法的计算较为简单,计算的结果较为准确。但在各类之中每种商品的进销差价率还有高低不等的情况,与实际相比仍有一定的偏差,不能做到完全准确。

**3. 实际进销差价计算法**

实际进销差价计算法是通过实际盘点,先计算出期末商品的进销差价,进而倒挤已销商品进销差价的一种方法。其计算公式如下:

期末库存商品进销差价 = 期末库存商品售价总金额 - 期末库存商品进价总金额

已销商品进销差价 = 结转前"商品进销差价"账户余额 - 期末库存商品进销差价

**【例6-3】** 琴岛大酒店附设商场年末盘点商品时,实物负责人按售价计算的库存商品总额为 8 075 元,经盘点该实物负责人所经营的商品售价金额账实相符,年末盘点数量按实际进价计算的库存商品总额为 5 087.5 元,结转前"商品进销差价"账户余额为 6 600 元,商品盘点如表 6-6 所示。

表 6-6　　　　　　　　　　　　　　**商品盘点表**

年　月　日　　　　　　　　　　　　　　　　单位:元

| 货号 | 品名 | 单位 | 盘存数量 | 销售价 | | 实际进价 | |
|------|------|------|----------|--------|--------|--------|--------|
| | | | | 单价 | 金额 | 单价 | 金额 |
| | 纸巾 | 包 | 25 | 5.00 | 125 | 3.5 | 87.5 |
| | 矿泉水 | 瓶 | 1 650 | 3.00 | 4 950 | 2.0 | 3 300.0 |
| | 口香糖 | 瓶 | 200 | 15.00 | 3 000 | 8.5 | 1 700.0 |
| 合计 | | | | | 8 075 | | 5 087.5 |

实际进销差价计算如下:

$$库存商品的进销差价 = 8\ 075 - 5\ 087.5 = 2\ 987.5(元)$$
$$已销商品的进销差价 = 6\ 600 - 2\ 987.5 = 3\ 612.5(元)$$

根据计算结果:

借:商品进销差价　　　　　　　　　　　　　　　　　　　3 612.5

　　贷:主营业务成本　　　　　　　　　　　　　　　　　　　　3 612.5

从上述计算过程可以看出,采用实际进销差价计算法不受已售商品结构、库存商品结构以及不同差价率的影响,因此这种方法能比较正确地计算库存商品价值和已售商品所分摊的进销差价。但是,这种方法在计算时必须按照每种商品的盘存数量乘以原进价或最后进价,不但计算工作量很大,而且查找原进价或最后进价也比较困难,因此一般只在年终决算前核实一次。

### 6.3.2　鲜果商品的核算

酒店商场除经营工业品外,还经营销售鲜果商品。鲜果商品与一般的商品不同,具有售价变动大、容易腐烂,并且销售季节性强,销售时间集中等经营特点,因此对此类商品仍实行售价金额核算法就会比较困难。为便于销售,及时调整价格,减少损耗,会计核算可以适应鲜果商品的经营特点,采用"进价金额核算,盘存计销"的核算方法。这种方法的核算要点如下:

(1) 商品购进后,会计部门根据商场实物负责人填列的商品验收单,以原进价记入按实物负责人开设的"鲜果类"明细账,只记金额不计数量。商场实物负责人可根据需要按鲜果品名设立备查簿,登记收入、付出和结存的数量。

(2) 销售鲜果的款项另行存放。每日营业终了,实物负责人点清鲜果货款交会计部门。会计部门根据交来鲜果货款借记"库存现金",贷记"主营业务收入"账户,平时不结转销售成本,也不冲减"库存商品"账户,月末时一次调整。

(3) 鲜果在经营过程中发生损耗、升溢、等级变化、价格变动时,会计部门不作账务处理。对大量降价处理腐烂变质鲜果,应设立备查簿随时登记,以便查考。

(4) 月末或定期结转销售成本时,采取实地盘点法以存计销。即按盘存的鲜果品种和数量,分别乘以购进价,计算出库存鲜果商品总额,倒挤已销鲜果商品的进价成本,借记"主营业务成本"账户,贷记"库存商品"账户。

销售鲜果商品进价成本计算公式为:

$$本期销售成本 = 期初库存金额 + 本期进货金额 - 期末盘存金额$$
$$= 期初库存金额 + 本期进货金额 - 期末实地盘点数 \times 购进价$$

**【例 6-4】** 琴岛大酒店附设商场鲜果期初库存 1 280 元,本期共购进 11 400 元,均以现金付讫。本期销售总额 14 157.5 元,均已收到现金。期末实地盘存 510 元。

① 购进商品:

借:库存商品——鲜果         11 400

  贷:库存现金         11 400

② 销售商品:

借:库存现金         14 157.5

  贷:主营业务收入——鲜果         14 157.5

③ 计算和结转本期销售商品成本:

$$本期销售成本 = 1\ 280 + 11\ 400 - 510 = 12\ 170(元)$$

借:主营业务成本——鲜果         12 170

  贷:库存商品——鲜果         12 170

需要说明的是,采用进价金额核算盘存计销方法,可随时调整售价,便利销售,简化会计核算。但是,这种方法是在期末通过实地盘点才能得出库存商品金额,并以此倒挤销售商品的成本。因此,采用这种方法平时不能反映商品的动态和结存情况,商品损耗、差错事故甚至货款被私吞都不易发现,容易掩盖经营管理中的漏洞。所以,采用这种核算方法时,必须加强进货验收管理,并建立严格的销货收款和调价审批等手续制度。并且,有条件的酒店,应实行钱货分管的销货收款方式,避免一切可能发生的漏洞,以保证企业的财产安全。

**❓ 相关案例6-1**

### 售价金额法下商品销售收入的调整

琴岛大酒店商场部本月销售收入 22 600 元,适用的增值税税率为 13%,则琴岛大酒店商场部本月的实际销售收入为多少?

酒店商场的服务对象一般是入住酒店的顾客,不会单独开具增值税专用发票,所以增值税是含在所售商品的售价中的。由于商场销售商品时增值税额包含在货款之内,因此"主营业务收入"账户反映的是含税收入,至月末需要进行调整,将含税收入中的销项税额分离出来,使"主营业务收入"账户反映商场真正的销售额。调整含税收入的计算公式如下:

$$销售额 ＝ 含税收入 ÷ (1 ＋ 增值税税率)$$

$$销项税额 ＝ 含税收入 － 销售额$$

在本例中：

$$销售额 ＝ 22\,600 ÷ (1 ＋ 13\%) ＝ 20\,000(元)$$

$$销项税额 ＝ 22\,600 － 20\,000 ＝ 2\,600(元)$$

根据计算的结果：

借:主营业务收入                                                              2 600
　贷:应交税费——应交增值税(销项税额)                                          2 600

### 6.3.3  委托代销商品的核算

酒店商场除经营自有商品外,有时也会接受其他单位或个人委托代销一些价值昂贵的工艺品等商品。委托代销是指委托方根据协议,委托受托方代销商品的一种销售方式。委托代销可分为视同买断和支付手续费两种方式。商场一般采用的是支付手续费方式的委托代销。

委托代销商品收付款程序是:酒店总仓库收到委托代销商品时,填开验收单,一联交委托方作为收货和售后结算货款凭据;一联由商场实物负责人签收后交会计部门;一联由商场存查。验收单上应注明"委托代销商品"字样。

委托代销商品应通过"受托代销商品"账户进行核算。酒店商场不将委托代销商品纳入自营商品的管理方式,而设立备查薄登记,销售后单独向会计部门交款。委托代销商品销售后由委托方提供销货发票,酒店商场只按售价的一定比例收取代销手续费,列作其他业务收入。

【例 6-5】  琴岛大酒店附设商场根据委托代销合同,接受甲公司委托销售玉器一件,合同约定销售价格为 20 000 元,甲公司按售价的 10%(不含增值税)支付手续费。该玉器现已售出,收到现金,并与甲公司结清款项。

（1）收到玉器时：

借:受托代销商品                                                            20 000
　贷:受托代销商品款                                                        20 000

（2）对外销售时：

借:银行存款                                                                22 600
　贷:应付账款                                                             20 000
　　应交税费——应交增值税(销项税额)                                          2 600

（3）收到增值税专用发票时：

借:应交税费——应交增值税(进项税额)                                          2 600
　贷:应付账款                                                              2 600

借:受托代销商品款                                                          20 000
　贷:受托代销商品                                                          20 000

（4）支付货款并计算代销手续费时：

借：应付账款　　　　　　　　　　　　　　　　　　　　22 600
　　贷：银行存款　　　　　　　　　　　　　　　　　　　　20 600
　　　　其他业务收入　　　　　　　　　　　　　　　　　　 2 000

有些委托代销商品如作自营处理，则不通过"受托代销商品"账户核算。操作程序与自营方式相同，即收货时由仓库填开入库单，商场领出时由经办业务人员填开商品内部验收调拨单。进货价、销售价、进销差价按合同约定，但必须待商品售出后才能结付价款。这种委托代销即为视同买断方式的委托代销。

 延伸阅读6-1 ·······························································································

**视同买断方式下的委托代销**

视同买断方式是指委托方和受托方签订合同或协议，委托方按协议价格收取委托代销商品的货款，实际售价可由受托方自定，实际售价与协议价之间的差额归受托方所有的销售方式。

如果委托方和受托方之间的协议明确标明，受托方在取得代销商品后，无论是否能够卖出、是否获利，均与委托方无关，那么委托方和受托方之间的代销商品交易，与委托方直接销售商品给受托方没有实质区别。在符合销售商品收入确认条件时，委托方应确认相关的销售商品收入。

如果没有委托方和受托方之间的协议明确标明，将来受托方未售出的商品可以退回委托方，或受托方因代销商品出现亏损时可以要求委托方补偿，那么委托方在交付商品时不应确认收入，受托方也不作购进处理。受托方将商品销售后，按实际售价确认销售收入，并向委托方开具代销清单。委托方收到代销清单时，确认本企业的销售收入。

### 6.3.4　销售折让的核算

为了扩大销售，酒店商场有时也会实行销售折让活动。实行售价金额核算时，酒店应按因折让而减少收入的实际销售额入账；同时按原售价转销库存商品。商场每日应编制商品销售折让报告表，附营业日报交会计部门。

【例6-6】　琴岛大酒店附设商场商品销售折让报告表如表6-7所示，要求作出相应的账务处理。

表6-7　　　　　　　　　　　　　　**商品销售折让报告表**
2×19年9月30日　　　　　　　　　　　　　　　　　　　　　　单位：元

| 商品类别 | 原销售价 | 折扣率 | 折让金额 | 实收金额 | 备注 |
|---|---|---|---|---|---|
| 全部商品 | 6 785 | 5% | 339.25 | 6 445.75 | |
| 合计 | 6 785 | | 339.25 | 6 445.75 | |

（1）按实际收入确认收入：

借：库存现金　　　　　　　　　　　　　　　　　　　　6 445.75
　　贷：主营业务收入　　　　　　　　　　　　　　　　　　6 445.75

（2）按原售价结转销售成本：

借:主营业务成本     6 785

  贷:库存商品——实物负责人     6 785

需要说明的是,月末结转商品进销差价时,应按主营业务成本的原售价计算分摊,从而抵销因销售折让而减少的销售毛利。

📁 **延伸阅读6-2** ...............................................................................................

### 商品盘点短缺和溢余的核算

商场在按售价金额核算的条件下,一般没有数量记载。零售商品在销售和储存过程中,由于商品性质不同以及经营管理方面等主客观因素,往往使商品的实存数量与账面数量发生差异,出现溢余或短缺的情况。

商场为加强对库存商品的管理,每月至少全面盘点一次,如发生部门实物负责人调动、商品调价等情况,还要进行不定期的全面盘点或局部盘点。

如果盘存金额与库存金额不符,应查明原因编制商品溢余(短缺)报告单,经领导审批后,交财务部门作账务处理。商场于月末盘点后,应编制商品进销存月报表与会计部门对账。商品盘点短缺和溢余的会计处理如表6-8所示。

表6-8             **商品盘点短缺和溢余的会计处理**

| 商品盘点短缺 | 商品盘点溢余 |
| --- | --- |
| 根据商品盘点溢余(短缺)报告单:<br>借:待处理财产损溢<br>   商品进销差价<br>   贷:库存商品 | 根据商品盘点溢余(短缺)报告单:<br>借:库存商品<br>   贷:待处理财产损溢<br>      商品进销差价 |
| 查明原因,经领导批准后:<br>借:营业外支出等<br>   贷:待处理财产损溢 | 查明原因,经领导批准后:<br>借:待处理财产损溢<br>   贷:管理费用等 |

## 重 要 概 念

酒店商场会计　售价金额核算法　商品购进　商品进销差价　综合差价率　分类差价率 实际进销差价　鲜果商品　进价金额法　委托代销商品　销售折让

## 思 考 题

1. 售价金额核算法的内容是什么?
2. 售价金额核算法应注意的问题是什么?
3. 酒店商场计算已销商品进销差价的方法有哪几种? 它们分别有什么优缺点?
4. 综合差价率计算法的步骤是什么?
5. 商场委托代销商品收付款程序是什么?

# 第7章 酒店其他业务的会计核算

## 内容提要

本章主要讲解了酒店其他业务的会计核算,包括行政管理方面的核算、工程维修费的核算、自办员工食堂的核算等。

## 重点难点

本章重点为酒店其他业务的核算,包括办公费、差旅费、应酬招待费及电视收视费等的核算。

## 学习目标

通过本章学习,学生应掌握酒店其他业务的会计核算,包括行政管理方面的核算、工程维修费的核算、自办员工食堂的核算等。

## 知识框架

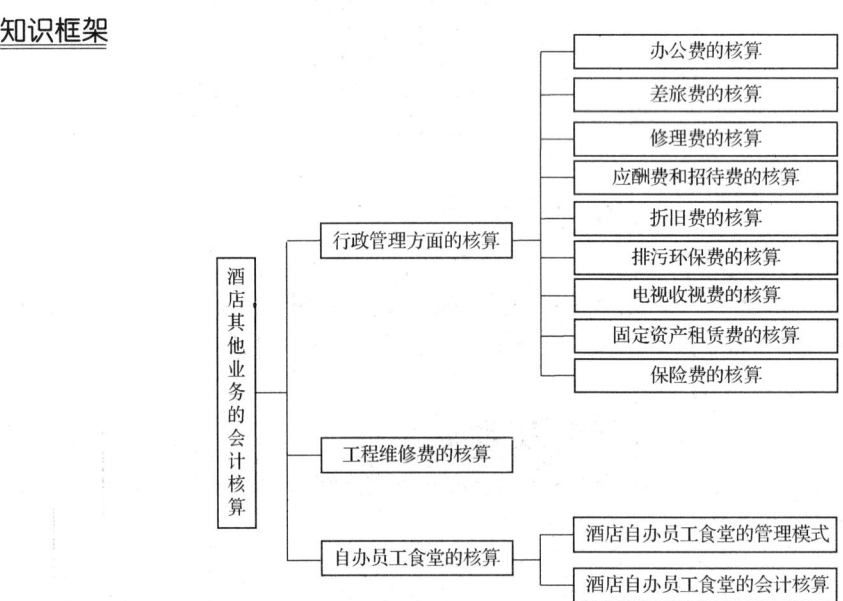

## 引入案例　酒店员工食堂

酒店员工食堂是酒店给员工提供的一种福利,食堂管理的好坏,将会直接影响到员工工作的积极性及对酒店的归属感,从而影响到工作绩效。如果要让员工全身心地投入到日常工作中,就要让他们感受到家一般的温暖。一个健康、卫生、舒适的就餐环境,一个科学合理的膳食计划,都会直接影响员工的工作情绪。

近日阿里、京东、华为等大公司的食堂再次刷爆网络,这些公司为了留住员工,除了开出让人无法拒绝的高薪外,还在员工食堂里开启土豪模式。很多酒店的员工食堂饭菜也非常丰盛。厦门朗豪酒店的员工食堂名叫"you and me",中文翻译为"油盐米",贴近生活。北京金隅喜来登大酒店深知要想留住员工,首先要留住他们的胃,它为酒店员工提供早、中、晚餐及夜宵。杭州开元名都大酒店的一位资深员工曾说过:"身为酒店的员工我们从没有瘦过,减肥不成功只怪食堂太优秀。"

那么,酒店自办员工食堂如何进行会计核算?学完本章后,您将有一个系统的了解。

# 7.1 | 行政管理方面的核算

酒店行政管理方面的一切费用开支,都属管理费用范畴。现就几项主要费用,如办公费、差旅费、修理费、折旧费、排污环保费等的核算予以阐述。

## 7.1.1　办公费的核算

酒店行政管理部门的办公费主要有以下内容:① 文具用品;② 信纸信封;③ 电脑打字、复印耗材;④ 财务账表凭证以及与银行办理结算的支票等表单;⑤ 各种纸张;⑥ 税务空白发票等;⑦ 书报费。

酒店各业务部门营业用表、报账单等印刷品数额庞大,不宜计入办公费核算。大批印刷品由仓库验收,按物料用品入账。各部门陆续领用时,根据领料单计入各部销售费用的物料消耗项目较为合理。

【例 7-1】　琴岛大酒店购入文具用品 85 元,以现金支付。

借:管理费用——办公费　　　　　　　　　　　　　　　　　　85
　　贷:库存现金　　　　　　　　　　　　　　　　　　　　　　　85

【例 7-2】　琴岛大酒店批量购买办公用品 1 250 元,以银行存款支付,并由仓库验收。

借:物料用品　　　　　　　　　　　　　　　　　　　　　1 250
　　贷:银行存款　　　　　　　　　　　　　　　　　　　　　1 250

【例 7-3】　琴岛大酒店从仓库领用办公用品 150 元。

借:管理费用——办公费　　　　　　　　　　　　　　　　　150
　　贷:物料用品　　　　　　　　　　　　　　　　　　　　　150

酒店的书报费数额较大,一般是当年年末前便要预定下年度的报纸杂志,所以支付时,应以预付账款处理。

【例 7-4】　琴岛大酒店 12 月预定下年度的报纸杂志费 12 000 元,以银行存款支付。

（1）付款时：

借：预付账款                   12 000

  贷：银行存款                   12 000

（2）次年每月摊销 1 000 元时：

借：管理费用——办公费              1 000

  贷：预付账款                   1 000

### 7.1.2　差旅费的核算

  酒店的差旅费主要有工作人员因公出差的旅费；采购员、业务员的市内交通费、误餐费；酒店自用车辆的各项支出。目前，酒店尚无统一的差旅费开支标准，有些酒店结合本企业实际情况制定有关差旅费开支规定，一般包括以下主要内容：① 乘坐车船的等级标准；② 在外伙食补助标准；③ 住宿费开支标准；④ 市内交通费、误餐费开支标准。

  酒店可根据当地财政部门公布的差旅费开支规定，结合本企业具体情况，对差旅费开支制定相关规定。

  工作人员出差，可按旅途长短和约计在外时间，借支一定数额的备用金。回店后在规定期限内向会计部门办理报销手续，所借余款交还，超过照补。

  **【例 7-5】** 业务员张三预借差旅费 2 000 元。

借：其他应收款——张三             2 000

  贷：库存现金                   2 000

  **【例 7-6】** 张三回店报销 1 850 元，交还余款 150 元。

借：管理费用——差旅费             1 850

  库存现金                   150

  贷：其他应收款——张三            2 000

  **【例 7-7】** 假设张三所报旅费是 2 200 元，应补付 200 元。

借：管理费用——差旅费             2 200

  贷：其他应收款——张三            2 000

    库存现金                  200

  **【例 7-8】** 采购员李四领取本月车贴 150 元。

借：管理费用——差旅费              150

  贷：库存现金                   150

  **【例 7-9】** 业务员张三因公外出报支误餐费 10 元。

借：管理费用——差旅费               10

  贷：库存现金                    10

  **【例 7-10】** 酒店自用车辆支付油料、养路费、路桥费，伙食补助等共 865 元。

借:管理费用——差旅费      865
    贷:库存现金      865

### 7.1.3 修理费的核算

酒店的固定资产如无法分清使用部门,所发生的大修理费用和小修理费用均在"管理费用"账户核算。

【**例 7-11**】 总经理办公室电脑修理费 210 元,以现金支付。

借:管理费用——修理费      210
    贷:库存现金      210

大修理费用可采用预提或待摊处理。如采用预提方式,按预计若干年后应进行大修,估算所需大修理费用总额,分月进行预提。

【**例 7-12**】 琴岛大酒店分月预提大修理费 2 400 元,3 年共计提 86 400 元,本月进行大修理,实际支付 86 400 元。

(1)分月预提时:

借:管理费用——修理费      2 400
    贷:预提费用      2 400

(2)本月发生大修理支出 86 400 元,以银行存款支付时:

借:预提费用      86 400
    贷:银行存款      86 400

如果预提大修费用不足或有余,差额作补列或冲销处理。

【**例 7-13**】 琴岛大酒店未实行大修理费用预提,现发生大修理费用 124 200 元,以银行存款支付,分 3 年摊销,每月摊销 3 450 元。

(1)发生大修理费用时:

借:长期待摊费用      124 200
    贷:银行存款      124 200

(2)以后分月摊销时:

借:管理费用——修理费      3 450
    贷:长期待摊费用      3 450

### 7.1.4 应酬费和招待费的核算

**1. 应酬费**

酒店的应酬费是因业务需要而发生的宴请或馈赠活动。宴请多是在本店餐厅进行,餐费反映在餐厅营业日报表的"应酬费"栏。会计部门应将此项应酬费计入相关的费用,抵扣应交的营业款。

**【例 7-14】** 琴岛大酒店营业日报表"应酬费"一栏 1 250 元,其他各栏共计 8 120 元。营业收入总额 9 370 元,实收现金 8 120 元。

```
借:库存现金                                    8 120
  管理费用——应酬费                            1 250
  贷:主营业务收入——餐饮                                9 370
```

**【例 7-15】** 琴岛大酒店馈赠宾客中华烟两条,价值 700 元,从仓库发出;以银行存款临时外购人头马 XO 一瓶 750 元。

```
借:管理费用——应酬费                          1 450
  贷:库存商品                                        700
    银行存款                                        750
```

**2. 招待费**

招待费是招待外宾或中国港、澳、台地区的同胞,以及接待人员的各项费用,包括住房饮食和交通等费。以上费用如仅与某业务部门有关,则在该部门的营业费列支;如与整个酒店有关,则在管理费用列支。

**【例 7-16】** 琴岛大酒店接待某外宾,以现金支付相关费用:本店的住宿费 2 600 元、餐费 1 700 元、交通费 380 元。

```
借:管理费用——招待费                          4 680
  贷:主营业务收入——客房                              2 600
            ——餐饮                              1 700
    库存现金                                        380
```

### 7.1.5　折旧费的核算

固定资产折旧费按使用部门计入相关的费用,如无法分清使用部门,则计入管理费用。

**【例 7-17】** 琴岛大酒店办公部门固定资产折旧本月共计提 5 860 元。

```
借:管理费用——折旧费                          5 860
  贷:累计折旧                                        5 860
```

### 7.1.6　排污环保费的核算

酒店的排污环保费,一般是每年交纳一次,数额较大,应采用预提或待摊方式核算。

**【例 7-18】** 琴岛大酒店已知全年排污环保费用 24 000 元,于年末一次性支付。从 1 月起,每月预提 2 000 元。

(1)每月预提时:

```
借:管理费用——排污费                          2 000
  贷:预提费用                                        2 000
```

（2）年度终了支付时：

借：预提费用                24 000

    贷：银行存款             24 000

**【例 7-19】** 琴岛大酒店平时未预提排污费，年末一次支付 24 000 元，以银行存款支付。

（1）支付时：

借：预付账款                24 000

    贷：银行存款             24 000

（2）分月摊销时：

借：管理费用——排污费       2 000

    贷：预付账款             2 000

### 7.1.7 电视收视费的核算

电视收视费一般是按每台电视机每年收费标准计算的，而且是先交后看。每年的年末便要一次性交纳下年度的电视收视费，数额较大，应于付款时作预付账款处理，下年度分月摊销。

**【例 7-20】** 琴岛大酒店于当年 12 月下旬交纳下年度的电视收视费 36 000 元，以银行存款支付。

（1）支付时：

借：预付账款                36 000

    贷：银行存款             36 000

（2）分月摊销时：

借：管理费用——电视收视费   3 000

    贷：预付账款             3 000

### 7.1.8 固定资产租赁费的核算

有的酒店房屋是向外单位租用的，按月支付的租金数额很大，房东的惯例还要收取一定数额的保证金（一般约为 1～2 个月的租金），保证金要待退租才能归还。

**【例 7-21】** 琴岛大酒店租入一栋大厦兴办酒店，月租 100 000 元，交纳 1 个月房租标准的保证金，保证金和房租均以银行存款支付。

（1）交纳保证金时：

借：其他应收款——存出保证金   100 000

    贷：银行存款            100 000

（2）每月支付房租时：

借：管理费用——租赁费              100 000

  贷：银行存款                 100 000

如果所租赁的房屋能分清使用部门,则按各自占用面积分别在"销售费用"和"管理费用"账户核算。

### 7.1.9　保险费的核算

酒店的财产保险费是每年缴纳一次,数额较大,应以预付账款处理。

**【例7-22】**　琴岛大酒店里一次支付全年保险费24 000元,以银行存款支付,分12个月摊销。

借：预付账款                24 000

  贷：银行存款                24 000

借：管理费用——保险费             2 000

  贷：预付账款                2 000

## 7.2 ｜ 工程维修费的核算

工程部门向酒店总仓库领用的各种维修器材,应设置保管账,由专人兼管,按各种器材的品名数量设置账簿,登记收入、付出和结存。从仓库领出的器材,根据领料单存根联记收入账。维修耗用的器材,根据维修施工单登记付出账。月度终了,应编制维修器材收付结存月报表,连同全部维修施工单的财务联交会计部门,据以登记入账和对账。

会计部门对工程部门所领用的维修器材,作移库处理并设置品种、数量、金额的明细账核算。根据工程部门向总仓库领用器材的领料单登记收入账,按工程部门交来的维修施工单耗料记录等记付出账,并分配给各接受维修的部门,列作修理费处理。

**【例7-23】**　琴岛大酒店工程部门向总仓库领用维修器材一批计6 580元。

借：物料用品——工程部（分品种）          6 580

  贷：物料用品——总仓库（分品种）         6 580

**【例7-24】**　月末根据工程部报来的各部门维修施工单进行汇总,各部门的维修器材耗费金额为:客房部3 845元,餐饮部2 186元,商场部187元,康乐部845元,行政管理部门1 243元,合计8 306元。

借：销售费用——客房——修理费          3 845

      ——餐饮——修理费          2 186

      ——商场——修理费           187

      ——康乐——修理费           845

  管理费用——修理费            1 243

  贷：物料用品——工程部（分品种）         8 306

## 7.3 | 自办员工食堂的核算

### 7.3.1 酒店自办员工食堂的管理模式

（1）食堂的厨房、膳堂与餐厅分开，并单独核算。

（2）食堂设置主管1人、专职或兼职会计1人、专职出纳兼售餐票1人、专职或兼职采购员1人。其余厨师、服务人员、打杂人员根据用膳人数配备。保管员可指定一名服务员兼任。食堂人员的工资，原则上由酒店在管理费用列支。

（3）食堂开办时增加的设备，如不锈钢柴油灶、冰柜等设施，纳入酒店固定资产管理范畴，不向食堂摊分折旧费用。

（4）食堂开办时购置餐具等用品，列作酒店的长期待摊款，不向食堂分摊。但开办后陆续补充餐具等用品，由食堂开支。

（5）食堂开办时，由酒店核拨一定数额的周转金作为食堂的铺底资金。待食堂运作正常后所借用周转金应逐渐交还会计部门。

（6）酒店每月发放职工的工作餐费，按核定用餐次数，以现金支付。

（7）某些情况下，食堂发行不同面值的餐票。员工用现金向食堂出纳员购买，出纳员每天应根据所售出的餐票和收到的现金，编制食堂餐票销售日报表（见表7-1）交会计做账。食堂供膳收回的餐票，经两人以上共同清点后，填写食堂供膳收回餐票日报表（见表7-2），并经出纳员签收后交会计入账。

表 7-1　　　　　　　　　　　食堂餐票销售日报表

| 餐票面值 | 张数 | 金额（元） |
| --- | --- | --- |
| 5元 | 350 | 1 750 |
| 2元 | 260 | 520 |
| 1元 | 400 | 400 |
| …… | …… | …… |
| 合计 | | 3 060 |

表 7-2　　　　　　　　　　　食堂供膳收回餐票日报表

| 餐票面值 | 张数 | 金额（元） | 备注 |
| --- | --- | --- | --- |
| 5元 | 100 | 500 | |
| 2元 | 135 | 270 | |
| 1元 | 150 | 150 | |
| …… | …… | …… | |
| 合计 | | 1 294 | |

### 7.3.2　酒店自办员工食堂的会计核算

有关食堂的会计核算,由会计部门和食堂分别进行。

**【例 7-25】**　琴岛大酒店设有一员工自办食堂,相关业务如下。

**1. 会计部门有关食堂的核算**

(1) 购入食堂柴油灶、冰柜等设施 125 000 元,以银行存款支付。

借:固定资产　　　　　　　　　　　　　　　　　　　　125 000
　　贷:银行存款　　　　　　　　　　　　　　　　　　　　　125 000

(2) 购置食堂桌椅、餐具等 52 020 元,以银行存款支付,分 3 年摊销。

购入时:

借:长期待摊费用　　　　　　　　　　　　　　　　　　52 020
　　贷:银行存款　　　　　　　　　　　　　　　　　　　　　52 020

分月摊销时:

借:管理费用——其他资产摊销
　　贷:长期待摊费用

(3) 拨付食堂周转金 10 000 元,以银行存款支付:

借:其他应收款——食堂周转金　　　　　　　　　　　　10 000
　　贷:银行存款　　　　　　　　　　　　　　　　　　　　　10 000

(4) 支付月度职工工作餐费,发放标准和金额如表 7-3 所示。从银行提取现金 28 371 元用于发放工作餐费。

表 7-3　　　　　　　　　　　　**工作餐费发放统计表**　　　　　　　金额单位:元

| 部门 | 用餐人次 | 每人餐费 | 餐费金额 |
|---|---|---|---|
| 客房 | 100 | 73.5 | 7 350 |
| 餐厅 | 220 | 73.5 | 16 170 |
| 商场 | 10 | 73.5 | 735 |
| 康乐 | 16 | 73.5 | 1 176 |
| 行政管理 | 40 | 73.5 | 2 940 |
| 合计 | 386 | 367.5 | 28 371 |

借:库存现金　　　　　　　　　　　　　　　　　　　　28 371
　　贷:银行存款　　　　　　　　　　　　　　　　　　　　　28 371

借:销售费用——客房——工作餐费　　　　　　　　　　7 350
　　　　　　——餐厅——工作餐费　　　　　　　　　　16 170
　　　　　　——商场——工作餐费　　　　　　　　　　735
　　　　　　——康乐——工作餐费　　　　　　　　　　1 176
　　管理费用——工作餐费　　　　　　　　　　　　　　2 940
　　贷:库存现金　　　　　　　　　　　　　　　　　　　　　28 371

### 2. 食堂的会计核算

食堂设置一级会计科目如表 7-4 所示。

表 7-4 食堂会计科目表

| 科目名称 | 有关说明 |
|---|---|
| (一)资产类 | |
| 现金 | |
| 银行存款 | |
| 应收款 | 各种应收款项,应分明细科目进行登记 |
| 原材料 | 原材料购进直接在膳食支出账户核算,月末盘存的原材料在本账户反映 |
| 库存餐票 | 为食堂已发行投入供膳使用的有价票券,第一次收入数额应等于发行数额 |
| (二)负债类 | |
| 应付款 | 包括酒店拨来周转金,以及尚未支付的供货商货款,应分明细核算 |
| 餐票发行 | 为库存餐票的来源科目,发行数应与收到餐票数相符 |
| (三)权益类 | |
| 利润 | 为膳食收入减膳食支出的差额 |
| (四)损益类 | |
| 膳食收入 | 为供应饭菜食品收回的餐票数额,属食堂的收入 |
| 其他收入 | 膳食收入以外的收入,如出售废包装箱、泔水等收入 |
| 膳食支出 | 为全部供应膳食的原材料支出 |
| 其他支出 | 膳食支出以外的各种支出 |

(1) 收到酒店拨来周转金 10 000 元:

借:银行存款 10 000
　　贷:应付款——酒店拨来周转金 10 000

(2) 食堂发行餐票 50 000 元:

餐票属有价票券,发行时应由食堂主管、会计、出纳共同在所发行的餐票上签章方能生效。出纳员清点所发行的餐票无误后开收据一式两联:一联交会计入账,一联自存。

借:库存餐票 50 000
　　贷:餐票发行 50 000

(3) 假设全月共向职工出售餐票 30 000 元:

借:现金 30 000
　　贷:库存餐票 30 000

(4) 假设全月供膳收回餐票 29 500 元:

借:库存餐票  29 500
 贷:膳食收入  29 500

(5) 采购员刘斌借备用金 11 000 元,以现金支付:

借:应收款——刘斌  11 000
 贷:现金  11 000

(6) 采购员刘斌购买了鱼、肉、蔬菜等 10 000 元:

借:膳食支出  10 000
 贷:应收款——刘斌  10 000

(7) 收供货商张三大米 7 000 千克,共计 14 000 元:

借:膳食支出  14 000
 贷:应付款——张三  14 000

(8) 购买食用油、调味料等 2 000 元,以银行存款支付:

借:膳食支出  2 000
 贷:银行存款  2 000

(9) 食堂原材料盘存 1 158 元,冲减支出,列"原材料"账户(下月月初转入膳食支出,借记"膳食支出"账户,贷记"原材料"账户,增加下月膳食支出):

借:原材料  1 158
 贷:膳食支出  1 158

(10) 食堂以银行存款 10 000 元,归还酒店原借周转金:

借:应付款——酒店拨来周转金  10 000
 贷:银行存款  10 000

(11) 泔水和废纸箱等收入现金 100 元:

借:现金  100
 贷:其他收入  100

(12) 膳食收入总额 29 500 元,转入"利润"账户:

借:膳食收入  29 500
 贷:利润  29 500

(13) 膳食支出总额 24 842 元,转入"利润"账户:

借:利润  24 842
 贷:膳食支出  24 842

(14) 本月其他收入 100 元,转入"利润"账户:

借:其他收入                                                                                     100
　　贷:利润                                                                                       100

食堂属非营利的职工福利部门,原则上应做到收支平衡,如有过多利润,很可能是降低菜肴质量或抬高价格形成的。故应本着"取之于民,用之于民"的精神,以后采取加餐、加菜或降低菜肴价格等方式返还职工。

## 重 要 概 念

计时工资　计件工资　日工资率　坏账　直接转销法　备抵法　赊销百分比法　应收账款余额百分比法　账龄分析法

## 思 考 题

1. 工资总额包括哪些内容?
2. 工资的计算方法有哪四种?
3. 职工差旅费应如何进行核算?
4. 坏账准备的核算方法有哪些?
5. 如何进行坏账准备的账务处理?

# 第8章　酒店税费的会计核算

## 内容提要

本章主要讲解了酒店经营业务增值税的征税范围;一般纳税人与小规模纳税人的划分标准;一般纳税人的税率、应纳税额的计算;小规模纳税人的征收率、应纳税额的计算、增值税征税范围的特殊项目,增值税征收管理及其他税费等相关内容。

## 重点难点

本章重点为应纳税额的计算。

## 学习目标

通过本章学习,学生应掌握酒店经营业务增值税征税范围的一般规定和特殊行为;一般纳税人与小规模纳税人的划分标准;一般纳税人的税率、应纳税额的计算;小规模纳税人的征收率、应纳税额的计算;应了解增值税征税范围的特殊项目,增值税征收管理等。

## 知识框架

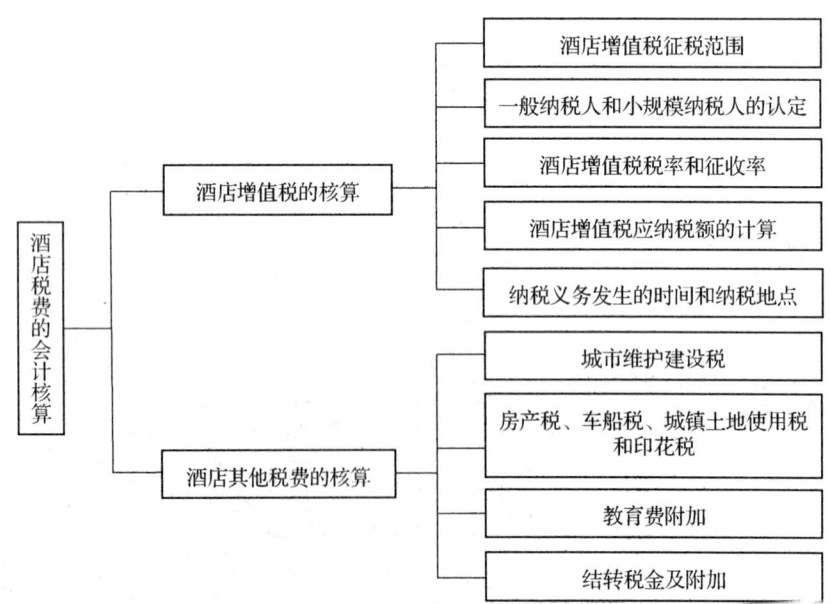

**引入案例　增值税的发展历程**

美国耶鲁大学经济学教授亚当斯是提出增值税概念的第一人,他于1917年在国家税务学会《营业税》报告中首先提出了对增值额征税的概念,指出对营业毛利(销售额一进货额)课税比对利润课税的公司所得额好得多,这一营业毛利相当于工资薪金、租金、利息和利润之和,即相当于增值额。

1954年,时任法国税务总局局长助理的莫里斯·洛雷积极推动法国增值税制的制定与实施,并取得了成功,被誉为增值税之父。

我国从1979年起在部分城市试行增值税。1982年财政部制定了《增值税暂行办法》,并自1983年1月1日开始在全国试行。1984年9月,在总结经验的基础上,国务院又制定了《中华人民共和国增值税条例(草案)》,并自当年10月起施行。1993年12月13日,国务院又发布了《中华人民共和国增值税暂行条例》,并自1994年1月1日起施行。为进一步完善税制,国务院决定全面实施增值税转型改革,修订《中华人民共和国增值税暂行条例》(以下简称《增值税暂行条例》),在2008年11月5日经国务院第34次常务会议审议通过,11月10日以国务院令第538号公布,于2009年1月1日起施行。

为进一步深化税制改革,解决增值税和营业税并存导致的重复征税问题,国务院决定开展"营改增"试点,2012年1月1日率先在上海市对交通运输业和部分现代服务业开展"营改增"试点改革。2012年8月1日至2012年12月31日,交通运输业和部分现代服务业"营改增"试点由上海市扩大至北京、江苏等8个省市;截至2013年8月1日,交通运输业和部分现代服务业"营改增"试点已推广到全国范围;2014年1月1日,国务院将铁路运输和邮政服务业纳入"营改增"试点;2014年6月1日,国务院将电信业纳入"营改增"试点范围;2016年5月1日,国务院决定将试点范围扩大到建筑业、房地产业、金融业、生活服务业,至此,所有营业税所涉行业均完成"营改增"转变,营业税退出历史舞台。

酒店餐饮企业的财务人员要做好税务工作,必须很好解决以下几个方面的工作:① 明确所在企业所从事业务种类;② 认真分析每一种业务的经济性质以及该业务需要缴纳的税种;③ 按照税法的要求,准确地计算企业应该缴纳的税款金额,并进行正确的会计处理;④ 及时进行税务申报,并缴纳税款。

酒店餐饮服务业的税种主要为增值税、房产税、城市维护建设税等。

# 8.1 ｜酒店增值税的核算

增值税是以商品(含应税劳务、应税服务、不动产和无形资产)在流转过程中产生的增值额作为计税依据而征收的一种流转税。按照我国增值税法的规定,增值税是对在我国境内销售或进口货物、提供加工、修理修配劳务、销售应税服务、不动产以及无形资产的单位和个人,就其货物、不动产、无形资产销售或提供劳务、服务的增值额和货物进口金额为计税依据而课征的一种流转税。

根据《增值税暂行条例》和"营改增"的规定,在中华人民共和国境内销售货物、不动产、无形资产或者提供应税劳务和应税服务以及进口货物的单位和个人,为增值税的纳税人,应当依照本条例和"营改增"的规定缴纳增值税。

### 8.1.1 酒店增值税征税范围

**1. 销售货物**

销售货物是指有偿转让货物的所有权。

**2. 旅游娱乐服务**

旅游娱乐服务包括旅游服务和娱乐服务。

旅游服务是指根据旅游者的要求,组织安排交通、游览、住宿、餐饮、购物、文娱、商务等服务的业务活动。

娱乐服务是指为娱乐活动同时提供场所和服务的业务,具体包括:歌厅、舞厅、夜总会、酒吧、台球、高尔夫球、保龄球、游艺(包括射击、狩猎、跑马、游戏机、蹦极、卡丁车、热气球、动力伞、射箭、飞镖)。

**3. 餐饮住宿服务**

餐饮住宿服务包括餐饮服务和住宿服务。

餐饮服务是指通过同时提供饮食和饮食场所的方式为消费者提供饮食消费服务的业务活动。

住宿服务是指提供住宿场所及配套服务等的活动,包括宾馆、旅馆、旅社、度假村和其他经营性住宿场所提供的住宿服务。

延伸阅读8-1

#### "营改增"后应税行为的注意事项

销售服务、无形资产或者不动产,是指有偿提供服务、有偿转让无形资产或者不动产,但属于下列非经营活动的情形除外:

(1) 行政单位收取的同时满足以下条件的政府性基金或者行政事业性收费:① 由国务院或者财政部批准设立的政府性基金,由国务院或省级人民政府及其财政、价格主管部门批准设立的行政事业性收费;② 收取时开具省级以上(含省级)财政部门监(印)制的财政票据;③ 所收款项全额上缴财政。

(2) 单位或者个体工商户聘用的员工为本单位或者雇主提供取得工资的服务。

(3) 单位或者个体工商户为聘用的员工提供服务。

(4) 财政部和国家税务总局规定的其他情形。

销售服务、无形资产或者不动产,是指在境内销售服务、无形资产或者不动产。在境内销售服务、无形资产或者不动产的情形有:

(1) 服务(租赁不动产除外)或者无形资产(自然资源使用权除外)的销售方或者购买方在境内。

(2) 所销售或者租赁的不动产在境内。

(3) 所销售自然资源使用权的自然资源在境内。

(4) 财政部和国家税务总局规定的其他情形。

下列情形不属于在境内销售服务或者无形资产:

(1) 境外单位或者个人向境内单位或者个人销售完全在境外发生的服务。

(2) 境外单位或者个人向境内单位或者个人销售完全在境外使用的无形资产。

(3) 境外单位或者个人向境内单位或者个人出租完全在境外使用的有形动产。

(4) 财政部和国家税务总局规定的其他情形。

纳税人无偿销售服务、无形资产或者不动产视同有偿销售缴纳增值税,但用于公益事业或者以社会公众为对象的除外。属于视同销售服务、无形资产或者不动产的情形有:

(1)单位或个体工商户向其他单位或者个人无偿提供服务,但用于公益事业或者以社会公众为对象的除外。

(2)单位、个体工商户或者其他个人向其他单位或者个人无偿转让无形资产或者不动产,但用于公益事业或者以社会公众为对象的除外。

### 8.1.2　一般纳税人和小规模纳税人的认定

增值税实行凭专用发票抵扣税款的制度,客观上要求纳税人具备健全的会计核算制度和能力。在实际经济生活中我国增值税纳税人众多,会计核算水平差异较大,大量的小企业和个人还不具备用发票抵扣税款的条件,为了既简化增值税计算和征收,也有利于减少税收征管漏洞,依据2018年2月1日起施行的《增值税一般纳税人资格认定管理办法》,将增值税纳税人按会计核算水平和经营规模分为一般纳税人和小规模纳税人两类纳税人,分别采取不同的增值税计税方法。

**1. 一般纳税人的认定标准**

一般纳税人是指年应征增值税销售额,超过财政部、国家税务总局规定的小规模纳税人标准的企业和企业性单位。

年应税销售额是指纳税人在连续不超过12个月的经营期内累计应征增值税销售额,包括纳税申报销售额、稽查查补销售额、纳税评估调整销售额、税务机关代开发票销售额和免税销售额。

年应税销售额未超过财政部、国家税务总局规定的小规模纳税人标准的纳税人会计核算健全,能够提供准确税务资料的,可以向主管税务机关申请一般纳税人资格认定。

**2. 小规模纳税人的认定**

小规模纳税人是指年销售额在规定标准以下,并且会计核算不健全,不能按规定报送有关税务资料的增值税纳税人。所称会计核算不健全是指不能正确核算增值税的销项税额、进项税额和应纳税额。

小规模纳税人会计核算健全,能够提供准确税务资料的,可以向主管税务机关申请资格认定,不作为小规模纳税人。

小规模纳税人实行简易征税办法,并且一般不使用增值税专用发票,但基于增值税征收管理中一般纳税人与小规模纳税人之间客观存在的经济往来的实情,小规模纳税人可以到税务机关代开增值税专用发票。

住宿业、建筑业和鉴证咨询业等行业小规模纳税人是试点自行开具增值税专用发票(销售其取得的不动产除外),税务机关不再代开。

### 8.1.3　酒店增值税税率和征收率

我国增值税是采用比例税率,按照一定的比例征收。为了发挥增值税的中性作用,原则上增值税的税率应该对不同行业不同企业实行单一税率,称为基本税率。实践中为照顾一些特殊行业或产品也增设了低税率,对出口产品实行零税率。由于增值税纳税人分成了两类,对这两类不同的纳税人又采用了不同的税率。

酒店经营业务的增值税一般纳税人销售(除适用9%低税率的货物和旧货外)货物适用的税率为13%;提供生活服务适用低税率为6%。

增值税对小规模纳税人采用简易征收办法,对小规模纳税人适用的征收比率称为征收率,适用的征收率为3%。

 延伸阅读8-1 ............................................................................................

### 一般纳税人与小规模纳税人的区别

增值税的纳税人可以划分为两类:一般纳税人和小规模纳税人,这两类纳税人在发票管理、税款计算和适用税率上都有所不同。

两类纳税人的区别如表8-1所示。

表8-1　　　　　　　　　　　　　　**一般纳税人与小规模纳税人的区别**

| 纳税人 | 发票管理 | 税款计算 | 税率(征收率) |
|---|---|---|---|
| 一般纳税人 | 销货(提供劳务):开具增值税专用发票;购货(接受劳务):取得增值税专用发票,可以抵进项 | ① 税款抵扣:应纳税额=销项税-进项税 ② 简易计算:应纳税额=销售额×征收率 | 13%、9%、6%、0 特殊:3%、3%减按2%、5% |
| 小规模纳税人 | 销货(提供劳务):只能开普通发票,不得开增值税专用发票(可找税务机关代开);购货(接受劳务):不能抵扣进项税,即使取得增值税专用发票也不得抵进项; | 简易计算:应纳税额=销售额×征收率 | 3% 特殊:3%减按2%、5% |

## 8.1.4　酒店增值税应纳税额的计算

增值税计税方法包括一般计税方法和简易计税方法。一般纳税人发生应税行为适用一般计税方法。一般纳税人发生财政部和国家税务总局规定的特定应税行为,可以选择适用简易计税方法计税,但一经选择,36个月内不得变更。小规模纳税人发生应税行为适用简易计税方法计税。

### 1. 一般计税方法

我国目前对一般纳税人采用的计税方法是国际上通行的购进扣税法,即先按当期销售额和适用税率计算出销项税额(这是对销售全额的征税),然后对当期购进项目已经缴纳的税款进行抵扣,从而间接计算出对当期增值额部分的应纳税额。

增值税一般纳税人销售货物或者提供应税劳务的应纳税额,应该等于当期销项税额抵扣当期进项税额后的余额。其计算公式如下:

当期应纳税额 = 当期销项税额 - 当期进项税额 = 当期销售额×适用税率 - 当期进项税额

增值税一般纳税人当期应纳税额的多少,取决于当期销项税额和当期进项税额这两个因素。而当期销项税额的确定关键在于确定当期销售额。对当期进项税额的确定在税法中也作了一些具体的规定,在分别确定销项税额和进项税额的情况下,就不难计算出应纳税额。

1) 购进商品进项税额的确认

酒店购进商品或者应税劳务、应税服务支付的进项税额并不是都能够从销项税额中抵扣的,需要确认能抵扣的进项税额。

第一,能抵扣的进项税额。酒店能从销项税额中抵扣的进项税额有下列三项内容:① 从销售方取得的增值税专用发票(含税控机动车销售统一发票,下同)上注明的增值税额;② 从海关进口增值税专用缴款书上注明的增值税额;③ 购进农产品除取得增值税专用发票或者海关进口增值税专用缴款书外,如用于生产税率为9%的产品,按照农产品收购发票或者销售发票上注明的农产品买价和9%的扣除率计算的进项税额;如用于生产税率为13%的产品,按照农产品收购发票或者销售发票上注明的农产品买价和10%的扣除率计算的进项税额;④ 从境外单位或者个人购进服务、无形资产或者不动产,自税务机关或者扣缴义务人取得的解缴税款的完税凭证上注明的增值税额;⑤ 一般纳税人支付的道路、桥、闸通行费,凭取得的通行费发票上注明的收费金额和规定的方法计算的可抵扣的增值税进项税额。

第二,不能抵扣的进项税额。企业不能从销项税额中抵扣的进项税额有下列八项内容:① 购进货物或者应税劳务、应税服务未按规定取得并保存增值税抵扣联的;② 购进货物或者应税劳务、应税服务的增值税扣税凭证上未按规定注明增值税额及其他有关事项,或者虽有注明但不符合规定的;③ 用于非增值税应税项目的购进货物或劳务、应税服务;④ 用于免征增值税项目的购进货物或者应税劳务、应税服务;⑤ 用于集体福利或者个人消费的购进货物或者应税劳务;⑥ 非正常损失的购进货物及相关的应税劳务;⑦ 非正常损失的在产品、产成品所耗用的购进货物、加工修理修配劳务和交通运输服务;⑧ 财政部和国家税务总局规定的其他情形。

【例8-1】 琴岛大酒店购进商品一批,价值为100 000元,增值税额为13 000元,以转账支票支付款项。

借:在途物资　　　　　　　　　　　　　　　　　　　　100 000
　　应交税费——应交增值税(进项税额)　　　　　　　　13 000
　　贷:银行存款　　　　　　　　　　　　　　　　　　　　113 000

相关思考8-1

## 非正常损失的含义

非正常损失是指企业因管理不善造成被盗、丢失和霉烂变质的损失,以及被执法部门依法没收或者强令自行销毁的货物。

2) 销售商品销项税额的确认

销项税额是销售额与增值税税率的乘积。要确认销项税额,先要确定销售额。销售额是指纳税人销售货物或者提供应税劳务向购买方收取的全部价款和价外费用,但不包括收取的销项税额。

价外费用是指价外向购买方收取的手续费、补贴、基金、集资费、返还利润、奖励费、违约金(延期付款利息)、包装费、储备费、优质费、运输装卸费、代收款项,以及其他各种性质的价外费用。

凡随同销售货物或提供应税劳务向购买方收取的价外费用,无论其会计上如何核算均应计入销售额计算应纳税额。

**【例 8-2】** 琴岛大酒店销售一批价值33 900元的商品,款项已收存银行。

借:银行存款                                                    33 900
　　贷:主营业务收入                                              30 000
　　　　应交税费——应交增值税(销项税额)                          3 900

**【例 8-3】** 琴岛大酒店康乐部主营业务收入共计53 000元,其中桑拿收入为3 180元,健身房收入为5 300元,舞厅收入为44 520元。

借:库存现金                                                    53 000
　　贷:主营业务收入——桑拿                                        3 000
　　　　　　　　　　——健身房                                      5 000
　　　　　　　　　　——舞厅                                       42 000
　　　　应交税费——应交增值税(销项税额)                          3 000

3) 期末结转和缴纳税款的核算

(1)上缴本期增值税的账务处理。企业在规定期限内申报缴纳本期增值税额,在收到银行退回的税收缴款书后,按照缴款书上实际缴纳的增值税金额,借记"应交税费——应交增值税(已交税金)"科目,贷记"银行存款"等科目。

(2)月末未交和多交增值税的结转。月末时,企业应将当月发生的应交未交增值税额,结转至"应交税费——未交增值税"科目。其具体账务处理为,借记"应交税费——应交增值税(转出未交增值税)"科目,贷记"应交税费——未交增值税"科目;或将企业多交的增值税结转,即借记"应交税费——未交增值税"科目,贷记"应交税费——应交增值税(转出多交增值税)"科目。期末,"应交税费——未交增值税"科目的余额如果在贷方,表示企业当期应交未交的增值税;若其余额在借方,则表示企业本月多交或尚未抵扣的增值税。

(3)未交增值税在以后月份上缴时的账务处理。企业在以后月份上缴以前期间的增值税额时,借记"应交税费——未交增值税",贷记"银行存款"。

**【例 8-4】** 琴岛大酒店纳税期限为1个月,2月28日"应交增值税"二级账户的三级明细余额是,销项税额为20 770元,进项税额为11 250元,进项税额转出为85元,转出未交增值税为4 780元。

(1)2月28日,根据上列资料计算本月应交增值税额如下:

$$应交增值税额 = 20\ 770 + 85 - 11\ 250 - 4\ 780 = 4\ 825(元)$$

根据计算的结果,作会计分录如下:

借:应交税费——应交增值税(转出未交增值税)         4 825

 贷:应交税费——未交增值税(转入未交增值税)         4 825

(2)3 月 8 日,填制增值税缴款书,缴纳 2 月份增值税额,作会计分录如下:

借:应交税费——未交增值税(转入未交增值税)         4 825

 贷:银行存款         4 825

**2. 简易计税方法**

小规模纳税人销售货物或者应税劳务,应税劳务所取得的销售额,按 3% 的征收率计算应纳税额,不得抵扣进项税额。

因此,小规模纳税人购进商品或者应税劳务、应税服务时,应将购进商品或接受应税劳务、应税服务时支付的价税合计金额作为商品或者应税劳务、应税服务的买价。在销售商品或者提供应税劳务,应税服务时,不得填制专用发票,只能采用普通发票,将销售商品或者提供应税劳务、应税服务取得的收入全部记入"主营业务收入"账户。这样"主营业务收入"账户反映的是含税收入,月末就要将它调整成为真正的销售额,将增值税额从含税收入中分离出来,调整的公式如下:

$$销售额 = 含税收入 \div (1 + 征收率)$$

$$应交增值税额 = 销售额 \times 征收率$$

**【例 8-5】** 琴岛大酒店 1 月 31 日"主营业务收入"账户余额为 87 550 元,增值税征收率为 3%,将增值税额从含税收入中分离出来,其计算的结果如下:

$$销售额 = 87\,550 \div (1 + 3\%) = 85\,000(元)$$

$$应交增值税额 = 85\,000 \times 3\% = 2\,550(元)$$

(1)根据计算的结果,作会计分录如下:

借:主营业务收入         2 550

 贷:应交税费——应交增值税(销项税额)         2 550

(2)下月初缴纳增值税时,作会计分录如下:

借:应交税费——应交增值税(销项税额)         2 550

 贷:银行存款         2 550

## 8.1.5 纳税义务发生的时间和纳税地点

**1. 纳税义务发生时间**

《增值税暂行条例》明确规定了增值税纳税义务的发生时间。纳税义务发生时间是纳税人发生应税行为应当承担纳税义务的起始时间。税法明确规定纳税义务发生时间的作用在于:第一,正式确认纳税人已经发生属于税法规定的应税行为,应承担纳税义务;第二,有利于税务机关实施税务管理,合理规定申报期限和纳税期限,监督纳税人切实履行纳税义务。

1）一般规定

（1）纳税人销售货物或者应税劳务，其纳税义务发生时间为收讫销售款项或者取得索取销售款项凭据的当天；先开具发票的，为开具发票的当天。

（2）纳税人进口货物，其纳税义务发生时间为报关进口的当天。

（3）增值税扣缴义务发生时间为纳税人增值税纳税义务发生的当天。

2）具体规定

纳税人收讫销售款项或者取得索取销售款项凭据的当天，按销售结算方式的不同，具体为：

（1）采取直接收款方式销售货物的，不论货物是否发出，均为收到销售款或者取得索取销售款凭据的当天；对于纳税人生产经营活动中采取直接收款方式销售货物，已将货物移送对方并暂估销售收入入账，但既未取得销售款或取得索取销售款凭据也未开具销售发票的，其增值税纳税义务发生时间为取得销售款或取得索取销售款凭据的当天；先开具发票的，为开具发票的当天。

（2）采取托收承付和委托银行收款方式销售货物的，为发出货物并办妥托收手续的当天。

（3）采取赊销和分期收款方式销售货物的，为书面合同约定的收款日期的当天，无书面合同的或者书面合同没有约定收款日期的，为货物发出的当天。

（4）采取预收货款方式销售货物的，为货物发出的当天，但销售生产工期超过 12 个月的大型机械设备、船舶、飞机等货物，为收到预收款或者书面合同约定的收款日期的当天。

（5）委托其他纳税人代销货物的，为收到代销单位的代销清单或者收到全部或者部分货款的当天。未收到代销清单及货款的，为发出代销货物满 180 天的当天。

（6）销售应税劳务的，为提供劳务同时收讫销售款或者取得索取销售款凭据的当天。

（7）纳税人提供建筑服务、租赁服务采取预收款方式的，其纳税义务发生时间为收到预收款的当天。

（8）纳税人从事金融商品转让的，为金融商品所有权转移的当天。

（9）纳税人发生视同销售情形的，其纳税义务发生时间为货物移送的当天，服务、无形资产转让完成的当天或者不动产权属变更的当天。

（10）增值税扣缴义务发生时间为纳税人增值税纳税义务发生的当天。

上述销售货物或应税劳务等纳税义务发生时间的确定，明确了企业在计算应纳税额时，对"当期销项税额"时间的限定，是增值税计税和征收管理中重要的规定。目前，一些企业没有按照上述规定的纳税义务发生时间将实现的销售收入及时入账并计算纳税，而是采取延迟入账或不计销售收入等做法，以拖延纳税或逃避纳税，这些做法都是错误的。企业必须按规定的时限及时、准确地记录销售额和计算当期销项税额。

**2. 纳税期限**

在明确了增值税纳税义务发生时间后，还需要掌握具体纳税期限，以保证按期缴纳税款。根据《增值税暂行条例》的规定，增值税的纳税期限分别为 1 日、3 日、5 日、10 日、15

日、1个月或者1个季度。

纳税人的具体纳税期限,由主管税务机关根据纳税人应纳税额的大小分别核定;不能按照固定期限纳税的,可以按次纳税。以1个季度为纳税期限的规定仅适用于小规模纳税人、银行、财务公司、信托投资公司、信用社以及财政部和国家税务总局规定的其他纳税人。不能按照固定期限纳税的,可以按次纳税。

纳税人以1个月或者1个季度为1个纳税期的,自期满之日起15日内申报纳税;以1日、3日、5日、10日或者15日为1个纳税期的,自期满之日起5日内预缴税款,于次月1日起15日内申报纳税并结清上月应纳税款。

**3. 纳税地点**

为了保证纳税人按期申报纳税,根据企业跨地区经营和搞活商品流通的特点及不同情况,税法还具体规定了增值税的纳税地点:

(1)固定业户应当向其机构所在地的主管税务机关申报纳税。总机构和分支机构不在同一县(市)的,应当分别向各自所在地的主管税务机关申报纳税;经国务院财政、税务主管部门或者其授权的财政、税务机关批准,可以由总机构汇总向总机构所在地的主管税务机关申报纳税。

(2)固定业户到外县(市)销售货物或者应税劳务,应当向其机构所在地的主管税务机关申请开具外出经营活动税收管理证明,并向其机构所在地的主管税务机关申报纳税;未开具证明的,应当向销售地或者劳务发生地的主管税务机关申报纳税;未向销售地或者劳务发生地的主管税务机关申报纳税的,由其机构所在地的主管税务机关补征税款。

(3)非固定业户销售货物或者应税劳务,应当向销售地或者劳务发生地的主管税务机关申报纳税;未向销售地或者劳务发生地的主管税务机关申报纳税的,由其机构所在地或者居住地的主管税务机关补征税款。

(4)其他个人提供建筑服务,销售或者租赁不动产,转让自然资源使用权,应向建筑服务发生地、不动产所在地、自然资源所在地主管税务机关申报纳税。

(5)进口货物,应当向报关地海关申报纳税。

(6)扣缴义务人应当向其机构所在地或者居住地的主管税务机关申报缴纳其扣缴的税款。

## 8.2 | 酒店其他税费的核算

### 8.2.1 城市维护建设税

城市维护建设税是指对从事工商经营,缴纳增值税和消费税的单位和个人征收的税款。城市维护建设税税率根据企业的所在地确定,市区的税率为7%,县城或者镇的税率为5%,不在市区、县城或者镇的税率为1%。

城市维护建设税以应缴纳的增值税和消费税为计税依据,分别乘以适用的税率来计算。其计算公式如下:

城市维护建设税 ＝（增值税＋消费税）×适用税率

【例 8-6】 琴岛大酒店 2 月份应交增值税额为 4 000 元,按 7%税率计提城市维护建设税时,作会计分录如下:

借:税金及附加                                    280
    贷:应交税费——应交城市维护建设税                   280

"税金及附加"是损益类账户,用以核算企业经营活动发生的消费税、城市维护建设税、教育费附加及房产税、城镇土地使用税、车船税和印花税等。企业计算确定与经营活动相关的税费时,记入该账户借方;企业月末将其余额结转"本年利润"账户时,记入该账户贷方。

"应交税费"是负债类账户,用以核算企业按照税法等规定应缴纳的各种税费和代扣代交的个人所得税。企业发生应缴纳的各种税费时,记入该账户贷方;企业缴纳各种税费时,记入该账户借方;若期末余额在贷方,表示企业尚未缴纳的税费,若期末余额在借方,则表示企业多缴纳或尚未抵扣的税费。

### 8.2.2 房产税、车船税、城镇土地使用税和印花税

#### 1. 房产税

房产税是指以房屋为征税对象,按照房屋的计税余值或房屋的租金收入,向房产所有人或经营人征收的税款。企业自有房屋以房产余值为计税依据,所谓房产的余值是按照房产原值一次减除其 10%～30%后计算求得。以房产余值为依据采用比例税率,即依房产余值计算缴纳的税率为 1.2%,按年计算、分季缴纳。以房产出租的租金收入为计税依据,比例税率为 12%,一般按月缴纳。

房产税有从价计征和从租计征两种,企业自用的房产采用从价计征。根据房产的余值,按 1.2%的税率缴纳,其计算公式如下:

$$应交房产税额 ＝ 房产余值×1.2\%$$
$$房产余值 ＝ 房产原值×[1－(10\%～30\%)]$$

企业出租的房产,根据房产的租金收入,按 12%的税率缴纳,其计算公式如下:

$$应交房产税额 ＝ 房产租金收入×12\%$$

#### 2. 车船税

车船税是指向在我国境内的车辆和船舶的所有人或者管理人按照我国车船税法征收的税款。车船税依据车船的不同情况分别规定,载货汽车和机动船舶以净吨位为计税依据;乘人汽车、摩托车和非机动车辆以辆为计税依据;各种非机动船以载重吨位为计税依据,按年征收。车船税采取按年申报缴纳的方法。

#### 3. 城镇土地使用税

城镇土地使用税是指以国有土地为征税对象,对拥有土地使用权的单位和个人征收的税款。其标准为:大城市 1.5～30 元/平方米/年;中等城市 1.2～24 元/平方米/年;小城市

0.9~18元/平方米/年,具体应按不同地区、地段的档次计算征收,按年计算分期缴纳。

城镇土地使用税根据实际使用土地的面积,按税法规定的单位税额缴纳。其计算公式如下:

$$应交城镇土地使用税额 = 应税土地的实际占用面积 \times 适用单位税额$$

**【例8-7】** 琴岛大酒店拥有自用房产原值1 500 000元,允许减除20%计税,房产税年税率为1.2%;占用土地面积为840平方米,每平方米年税额为16元;有小汽车一辆,每年税额450元;大客车一辆,年税额960元;税务部门规定对房产税、城镇土地使用税和车船税在2月10日前缴纳,计算本月份应交各项税额如下:

$$应交房产税额 = [1\,500\,000 \times (1-20\%) \times 1.2\%] \div 12 = 1\,200(元)$$
$$应交城镇土地使用税额 = 840 \times 16 \div 12 = 1\,120(元)$$
$$应交车船税额 = 450 + 960 = 1\,410(元)$$

根据计算的结果,提取应交房产税、城镇土地使用税和车船税。作会计分录如下:

借:税金及附加               3 730
 贷:应交税费——应交房产税           1 200
   应交税费——应交城镇土地使用税      1 120
   应交税费——应交车船税         1 410

**4. 印花税**

印花税是指以经济活动和经济交往中,书立、领受的应税凭证的行为为征税对象征收的税款。它属于行为税,以在签订的合同、产权转移书、营业账簿等凭证上粘贴印花税票的办法进行征税。

按照税法规定,营业账簿中记载资金的账簿,根据"实收资本"和"资本公积"合计金额的0.05%税率缴纳印花税,其他账簿每件缴纳5元;权利、许可证照每件缴纳5元。

印花税由纳税人自行计算,自行购买印花税票,自行贴花,并由纳税人在每枚税票的缝处盖戳注销。企业根据业务需要购买印花税票时,借记"税金及附加"账户,贷记"库存现金"或"银行存款"账户。

### 8.2.3　教育费附加

教育费附加是对应缴纳增值税的单位和个人所征收的。国家征收教育费附加是为了加快教育事业的发展,扩大中小学教育经费的资金来源,以改善中小学基础教育设施和办学条件。

教育费附加以各单位和个人实际缴纳的增值税的税额为计征依据,教育费附加率为3%,一般按月计提,次月初缴纳。

**【例8-8】** 琴岛大酒店2月份应交增值税额为4 000元,按3%征收率计提教育费附加时,作会计分录如下:

借:税金及附加               120
 贷:应交税费——教育费附加           120

### 8.2.4 结转税金及附加

企业在"税金及附加"账户归集的税金和教育费附加在期末要结转"本年利润"账户。

【例8-9】 琴岛大酒店2月份"税金及附加"账户归集了4 400元,将其结转"本年利润"账户,作会计分录如下:

借:本年利润 4 400

　贷:税金及附加 4 400

## 重 要 概 念

增值税　价外费用　城市维护建设税　房产税　车船税　城镇土地使用税　印花税
教育费附加

## 思 考 题

1. 酒店增值税的征税范围有哪些?

2. 酒店增值税税率是多少?

3. 酒店增值税应纳税额如何计算?

4. 增值税纳税义务发生时间有何规定?

5. 一般纳税人和小规模纳税人的认定有何不同?

# 第9章  酒店会计报表的编制

## 内容提要

本章主要讲解资产负债表的作用、格式及编制方法;利润表的作用、格式及编制方法;现金流量表的作用、格式、填列及编制方法;企业内部会计报表。

## 重点难点

本章重点为资产负债表、利润表以及现金流量表的格式及编制,企业内部会计报表的编制;难点为现金流量表的填列及编制。

## 学习目标

通过本章学习,学生应理解资产负债表、利润表以及现金流量表的作用;掌握资产负债表、利润表的格式及编制,企业内部会计报表的编制;熟悉现金流量表的填列及编制。

## 知识框架

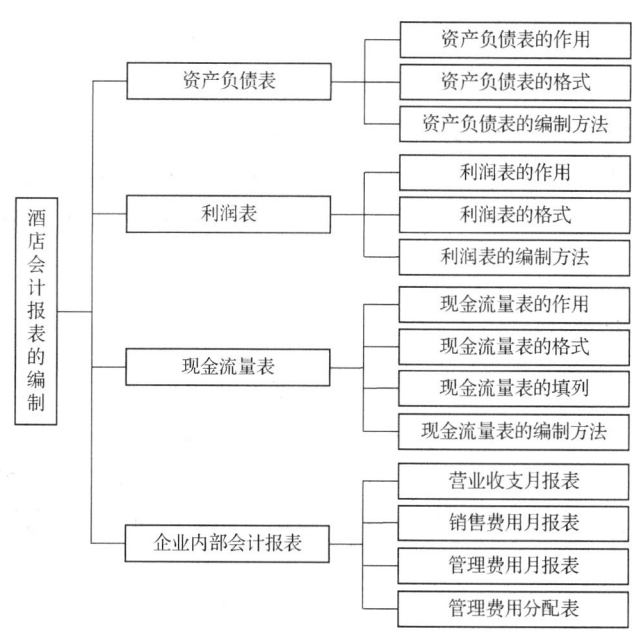

为了帮助企业领导人详细了解酒店的经营状况和财务成果,以便及时作出经营决策,酒店应定期编报外部会计报表,即财务报表。财务报表是对企业财务状况、经营成果和现金流量的结构性表述。除此之外,为提高企业管理水平,获取更大的经济效益,酒店还应编制反映各经营部门收入、成本、费用、税金、利润实现情况的内部报表。

酒店财务报表包括哪些? 它们分别应如何编制? 酒店企业内部会计报表包括哪些? 它们分别提供什么信息? 通过本章的学习,这些问题将得到解答。

# 9.1 资产负债表

## 9.1.1　资产负债表的作用

资产负债表是指反映企业在某一特定日期财务状况的静态报表。它反映企业在某一特定日期所拥有或控制的经济资源、所承担的现时义务和所有者对净资产的要求权。资产负债表主要有以下几个方面的作用。

**1. 反映经济资源的分布情况**

资产负债表可以提供某一日期资产的总额及其结构,表明企业拥有或控制的资源及其分布情况。使用者可以一目了然地从资产负债表上了解企业在某一特定日期所拥有的资产总额及其结构。

**2. 反映债务情况**

资产负债表可以提供某一日期的负债总额及其结构,表明企业未来需要用多少资产或劳务清偿债务以及清偿时间。

**3. 反映所有者权益情况**

资产负债表可以提供某一日期所有者投入资本以及资本公积、盈余公积、其他综合收益以及留存收益的组成情况。

除此之外,资产负债表还可以为财务分析提供基本资料,如将流动资产与流动负债进行比较,计算出流动比率;将速动资产与流动负债进行比较,计算出速动比率等,可以表明企业的变现能力、偿债能力和资金周转能力,从而有助于报表使用者作出经济决策。

## 9.1.2　资产负债表的格式

资产负债表有账户式和报告式两种格式。在我国,资产负债表采用账户式结构,报表分为左右两方,左方列示资产各项目,反映全部资产的分布及存在形态;右方列示负债和所有者权益各项目,反映全部负债和所有者权益的内容及构成情况。资产负债表左右双方平衡,资产总计等于负债和所有者权益总计,即"资产=负债+所有者权益"。

**延伸阅读9-1**

### 报告式资产负债表的格式

报告式资产负债表将资产、负债、股东权益项目采用垂直分列的形式,分别有两种形式:"资产＝权益"式和"资产－负债＝所有者权益"式,如表9-1所示。

表9-1　　　　　　　　　　　　**报告式资产负债表的两种形式**

| "资产＝权益"式 | "资产－负债＝所有者权益"式 |
|---|---|
| 资产<br>　　　　　　　　　⋮<br>　资产合计<br>权益<br>　负债<br>　　　　　　　　　⋮<br>　负债合计<br>　股东权益<br>　　　　　　　　　⋮<br>　股东权益合计<br>权益合计 | 资产<br>　　　　　　　　　⋮<br>　资产合计<br>负债<br>　　　　　　　　　⋮<br>　负债合计<br>股东权益<br>　　　　　　　　　⋮<br>股东权益合计 |

报告式资产负债表的优点在于编制比较资产负债表,就是在一张报表中同时列出本期的财务状况和过去几期的财务状况。但报告式资产负债表的缺点是资产和权益间的恒等关系并不一目了然。

为了使使用者通过比较不同时点资产负债表的数据,掌握酒店财务状况的变动情况及发展趋势,酒店需要提供比较资产负债表,资产负债表还就各项目再分为"年初余额"和"期末余额"两栏分别填列。资产负债表的基本格式和内容如表9-2所示。

表9-2　　　　　　　　　　　　**资产负债表**　　　　　　　　　　　　会企01表
编制单位:　　　　　　　　　　　年　月　　　　　　　　　　　　　单位:元

| 资　产 | 期末数 | 年初数 | 负债和所有者权益 | 期末数 | 年初数 |
|---|---|---|---|---|---|
| 流动资产: | | | 流动负债: | | |
| 　货币资金 | | | 　短期借款 | | |
| 　交易性金融资产 | | | 　交易性金融负债 | | |
| 　衍生金融资产 | | | 　衍生金融负债 | | |
| 　应收票据 | | | 　应付票据 | | |
| 　应收账款 | | | 　应付账款 | | |
| 　应收款项融资 | | | 　预收款项 | | |
| 　预付款项 | | | 　合同负债 | | |
| 　其他应收款 | | | 　应付职工薪酬 | | |
| 　存货 | | | 　应交税费 | | |
| 　合同资产 | | | 　其他应付款 | | |
| 　持有待售资产 | | | 　持有待售负债 | | |
| 　一年内到期的非流动资产 | | | 　一年内到期的非流动负债 | | |
| 　其他流动资产 | | | 　其他流动负债 | | |

(续表)

| 资　产 | 期末数 | 年初数 | 负债和所有者权益 | 期末数 | 年初数 |
|---|---|---|---|---|---|
| 　　流动资产合计 | | | 　　流动负债合计 | | |
| 非流动资产： | | | 非流动负债： | | |
| 　债权投资 | | | 　长期借款 | | |
| 　其他债权投资 | | | 　应付债券 | | |
| 　长期应收款 | | | 　其中:优先股 | | |
| 　长期股权投资 | | | 　　　永续债 | | |
| 　其他权益工具投资 | | | 　租赁负债 | | |
| 　其他非流动金融资产 | | | 　长期应付款 | | |
| 　投资性房地产 | | | 　预计负债 | | |
| 　固定资产 | | | 　递延收益 | | |
| 　在建工程 | | | 　递延所得税负债 | | |
| 　生产性生物资产 | | | 　其他非流动负债 | | |
| 　油气资产 | | | 　　非流动负债合计 | | |
| 　使用权资产 | | | 　　负债合计 | | |
| 　无形资产 | | | 所有者权益： | | |
| 　开发支出 | | | 　实收资本(或股本) | | |
| 　商誉 | | | 　其他权益工具 | | |
| 　长期待摊费用 | | | 　其中:优先股 | | |
| 　递延所得税资产 | | | 　　　永续债 | | |
| 　其他非流动资产 | | | 　资本公积 | | |
| 　　非流动资产合计 | | | 　减:库存股 | | |
| | | | 　其他综合收益 | | |
| | | | 　专项储备 | | |
| | | | 　盈余公积 | | |
| | | | 　未分配利润 | | |
| | | | 　　所有者权益合计 | | |
| 资产总计 | | | 负债和所有者权益总计 | | |

### 9.1.3　资产负债表的编制方法

资产负债表中的数据主要来自会计账簿记录,有的可以根据相关账户的期末余额填列,有的应按有关账户合并分析或调整后填列,现分别说明如下:

资产负债表各项目均需填列"年初余额"和"期末余额"两栏。资产负债表的"年初余额"栏通常根据上年年末有关项目的期末余额填列,且与上年年末资产负债表"期末余额"栏一致。

"期末余额"栏主要有以下几种填列方法。

**1. 根据总账科目的余额填列**

"交易性金融资产""其他债权投资""其他权益工具投资""递延所得税资产""长期待摊费用""短期借款""持有待售负债""递延收益""递延所得税负债""实收资本(或股本)""其他权益工具""库存股""资本公积""其他综合收益""盈余公积"等项目,应根据有关总账科目的余额填列。

需要说明的是,长期待摊费用摊销年限(或期限)只剩1年或不足1年的,或者预计在1

年内(含1年)进行摊销的部分,仍在"长期待摊费用"项目中列示,不转入"一年内到期的非流动资产"项目。

有些项目则应根据几个总账的余额计算填列,例如,"货币资金"项目需根据"库存现金""银行存款""其他货币资金"三个总账科目余额的合计数填列。又如,"其他应付款"项目应根据"应付利息""应付股利"和"其他应付款"科目的期末余额合计数填列。

**相关思考9-1**

**"货币资金"项目期末余额的填列?**

2×19年12月31日,琴岛大酒店"库存现金"科目余额为2 000元,"银行存款"科目余额为1 000 000元,"其他货币资金"科目余额为800 000元,则2×19年12月31日,琴岛大酒店资产负债表中"货币资金"项目的期末余额为多少元?

期末,资产负债上的"货币资金"项目应按照"库存现金""银行存款"和"其他货币资金"三个总账账户的余额计算填列。在本例中,"货币资金"项目的列报金额=2 000+1 000 000+800 000=1 802 000(元)。

**2. 根据明细科目的余额计算填列**

"开发支出"项目应根据"研发支出"科目中所属的"资本化支出"明细科目期末余额填列;"应付账款"项目,应根据"应付账款"和"预付账款"科目所属的相关明细科目的期末贷方余额合计数填列;"预收款项"项目应根据"预收账款"和"应收账款"科目所属明细科目的期末贷方余额合计数填列;"应交税费"项目应根据"应交税费"的明细科目期末余额分析填列,其中的借方余额,应当根据其流动性在"其他流动资产"或"其他非流动资产"项目中填列;"一年内到期的非流动资产""一年内到期的非流动负债"项目应根据有关非流动资产或非流动负债项目的明细科目余额分析填列;"应付职工薪酬"项目应根据"应付职工薪酬"科目的明细科目期末余额分析填列;"预计负债"项目应根据"预计负债"科目的明细科目期末余额分析填列;"未分配利润"项目应根据"利润分配"科目中所属的"未分配利润"明细科目期末余额填列。

**相关思考9-2**

**"预收款项"项目期末余额的填列**

琴岛大酒店"预收账款"科目年末借方余额15 000元,其中:"预收账款——甲公司"明细科目借方余额17 500元,"预收账款——乙公司"明细科目贷方余额2 500元;"应收账款"科目月末借方余额15 000元,其中:"应收账款——A工厂"明细科目借方余额25 000元,"应收账款——B工厂"明细科目贷方余额10 000元。假定不考虑其他因素,该企业年末资产负债表中"预收款项"项目的金额应为多少元?

"预收款项"项目,应根据"预收账款"和"应收账款"科目所属明细科目的期末贷方余额合计数填列。在本例中,"预收款项"项目的列报金额=2 500+10 000=12 500(元)。

**3. 根据总账科目和明细账科目的余额分析计算填列**

"长期借款"项目应根据"长期借款"总账科目余额扣除"长期借款"科目所属的明细科目中将在资产负债表日起1年内到期、且企业不能自主地将清偿义务展期的长期借款后的金额计算填列;"其他流动资产""其他流动负债"项目应根据有关总账科目及有关科目的明细科目期末余额分析填列;"其他非流动负债"项目应根据有关科目的期末余额减去将于 1 年内(含 1 年)到期偿还数后的金额填列。

**相关思考9-3**

### "长期借款"项目期末余额的填列

琴岛大酒店 2×19 年 12 月 31 日与长期借款有关的资料如表 9-3 所示。

表 9-3                                                                    **长期借款资料**

| 借款起始日期 | 借款期限(年) | 金额(元) |
| --- | --- | --- |
| 2×18 年 3 月 1 日 | 3 | 1 000 000 |
| 2×17 年 5 月 1 日 | 5 | 2 000 000 |
| 2×16 年 6 月 1 日 | 4 | 1 500 000 |

"长期借款"项目应根据"长期借款"总账科目余额扣除"长期借款"科目所属的明细科目中将在资产负债表日起 1 年内到期、且企业不能自主地将清偿义务展期的长期借款后的金额计算填列。在本例中,"长期借款"项目金额="长期借款"总账科目余额(4 500 000)—一年内到期的长期借款(1 500 000)= 3 000 000(元)。

#### 4. 根据有关科目余额减去其备抵科目余额后的净额填列

"持有待售资产""债权投资""长期股权投资""商誉"项目应根据相关科目的期末余额填列,已计提减值准备的,还应扣减相应的减值准备;"无形资产""投资性房地产""生产性生物资产""油气资产"项目应根据相关科目的期末余额扣减相关的累计摊销、折耗填列,已计提减值准备的,还应扣减相应的减值准备,摊销、折耗年限(或期限)只剩 1 年或不足 1 年的、或者预计在 1 年内(含 1 年)进行摊销、折耗的部分,仍在上述项目中列示,不转入"一年内到期的非流动资产"项目,采用公允价值计量的上述资产,应根据相关科目的期末余额填列;"长期应收款"项目应根据"长期应收款"科目的期末余额,减去相应的"未实现融资收益"科目和"坏账准备"科目所属相关明细科目期末余额后的金额填列。

**相关思考9-4**

### "无形资产"项目期末余额的填列

2×19 年 12 月 31 日,琴岛大酒店"无形资产"科目借方余额 4 000 000 元,"累计摊销"科目贷方余额 1 000 000 元,"无形资产减值准备"科目贷方余额 500 000 元,则 2×19 年 12 月 31 日,琴岛大酒店资产负债表中"无形资产"项目的期末余额为多少元?

期末,资产负债表上的"无形资产"项目应根据"无形资产"期末余额扣减相关的累计摊销和已计提减值准备后的净额填列。在本例中,"无形资产"项目的列报金额= 4 000 000 — 1 000 000 — 500 000 = 2 500 000(元)。

**5. 综合运用上述填列方法分析填列**

"应收账款"项目应根据"应收账款"和"预收账款"科目所属各明细科目的期末借方余额合计数,减去"坏账准备"科目中有关坏账准备期末余额后的金额填列;"预付款项"项目应根据"预付账款"和"应付账款"科目所属各明细科目的期末借方余额合计数,减去"坏账准备"科目中有关预付款项计提的坏账准备期末余额后的金额填列。"其他应收款"项目应根据"应收利息""应收股利"和"其他应收款"科目的期末余额合计数,减去"坏账准备"科目中相关坏账准备期末余额后的金额填列。

"存货"项目应根据"材料采购""原材料""发出商品""库存商品""周转材料""委托加工物资""生产成本""受托代销商品"等科目的期末余额及"合同履约成本"科目的明细科目中初始确认时摊销期限不超过1年或一个正常营业周期的期末余额合计,减去"受托代销商品款""存货跌价准备"科目期末余额及"合同履约成本减值准备"科目中相应的期末余额后的金额填列。材料采用计划成本核算,以及库存商品采用计划成本核算或售价核算的企业,还应按加或减材料成本差异、商品进销差价后的金额填列。

"其他非流动资产"项目应根据有关科目的期末余额减去将于1年内(含1年)收回数后的金额,及"合同取得成本"科目和"合同履约成本"科目的明细科目中初始确认时摊销期限在1年或一个正常营业周期以上的期末余额,减去"合同取得成本减值准备"科目和"合同履约成本减值准备"科目中相应的期末余额填列。

"合同资产"和"合同负债"项目应根据"合同资产"科目和"合同负债"科目的明细科目期末余额分析填列,同一合同下的合同资产和合同负债应当以净额列示,其中净额为借方余额的,应当根据其流动性在"合同资产"或"其他非流动资产"项目中填列,已计提减值准备的,还应减去"合同资产减值准备"科目中相应的期末余额后的金额填列,其中净额为贷方余额的,应当根据其流动性在"合同负债"或"其他非流动负债"项目中填列。

"固定资产"项目应根据"固定资产"科目的期末余额,减去"累计折旧"和"固定资产减值准备"科目的期末余额后的金额,以及"固定资产清理"科目的期末余额填列。"在建工程"项目应根据"在建工程"科目的期末余额,减去"在建工程减值准备"科目的期末余额后的金额,以及"工程物资"科目的期末余额,减去"工程物资减值准备"科目的期末余额后的金额填列。

"长期应付款"项目应根据"长期应付款"科目的期末余额,减去相关的"未确认融资费用"科目的期末余额后的金额,以及"专项应付款"科目的期末余额填列。

**相关思考9-5**

**"固定资产"项目期末余额的填列**

2×19年12月31日,琴岛大酒店"固定资产"科目借方余额5 000 000元,"累计折旧"科目贷方余额2 000 000元,"固定资产减值准备"科目贷方余额500 000元,"固定资产清理"科目借方余额1 500 000元。

期末,资产负债表上"固定资产"项目应根据"固定资产"科目的期末余额,减去"累计折旧"和"固定资产减值准备"科目的期末余额后的金额,以及"固定资产清理"科目的期末余额填列。在本例中,"固定资产"项目的列报金额＝5 000 000－2 000 000－500 000＋1 500 000＝4 000 000(元)。

**相关思考9-6**

### "存货"项目期末余额的填列

琴岛大酒店采用计划成本核算材料成本,2×19年12月31日结账后有关科目余额如下:"材料采购"科目余额140 000元(借方),"原材料"科目余额2 400 000元(借方),"周转材料"科目余额1 800 000元(借方),"库存商品"科目余额1 600 000元(借方),"生产成本"科目余额600 000元(借方),"材料成本差异"科目余额120 000元(贷方),"存货跌价准备"科目余额210 000元(贷方)。

期末,资产负债表上存货项目应当以"材料采购"(表示在途材料采购成本)"原材料""周转材料"(比如包装物和低值易耗品等)、"库存商品""生产成本"(表示期末在产品金额)各总账科目余额加总后,加上或减去"材料成本差异"总账科目的余额(若为贷方余额,应减去;若为借方余额,应加上),再减去"存货跌价准备"总账科目余额后的净额填列。在本例中,"存货"项目的列报金额＝140 000＋2 400 000＋1 800 000＋1 600 000＋600 000－120 000－210 000＝6 210 000(元)。

**相关思考9-7**

### 债务债权结算项目期末余额的填列

琴岛大酒店2×19年1月31日结账后有关科目所属明细科目借贷方余额如表9-4所示,不考虑其他因素,则期末资产负债表上相关债务债权结算项目的期末余额应如何填列?

表9-4 有关账户资料

| 会计科目 | 明细科目借方余额 | 明细科目贷方余额 |
| --- | --- | --- |
| 应收账款 | 1 600 000 | 100 000 |
| 预付账款 | 800 000 | 60 000 |
| 应付账款 | 400 000 | 1 800 000 |
| 预收账款 | 600 000 | 1 400 000 |

该企业2×19年1月31日资产负债表中相关项目的金额计算如下:

(1)"应收账款"项目金额为:

1 600 000＋600 000＝2 200 000(元)

(2)"预付款项"项目金额为:

800 000＋400 000＝1200 000(元)

(3)"应付账款"项目金额为:

60 000＋1 800 000＝1 860 000(元)

(4)"预收款项"项目金额为:

1 400 000＋100 000＝1500 000(元)

【例9-1】 琴岛大酒店2×19年12月31日的科目余额表(见表9-5),要求编制琴岛大酒店2×19年12月31日的资产负债表(年初数略,见表9-6)。

表 9-5           **科目余额表**         单位:元

| 总账 | 明细账户 | 借方余额 | 贷方余额 | 总账 | 明细账户 | 借方余额 | 贷方余额 |
|---|---|---|---|---|---|---|---|
| 库存现金 | | 300 | | 短期借款 | | | 18 000 |
| 银行存款 | | 4 500 | | 应付账款 | | | |
| 交易性金融资产 | | 4 200 | | | A | | 2 100 |
| 应收账款 | | | | | B | 1 500 | |
| | 甲 | 2 190 | | | C | | 2 400 |
| | 乙 | | 600 | 预收账款 | | | |
| | 丙 | 300 | | | D | | 1 200 |
| 预付账款 | | | | | E | 900 | |
| | 丁 | 1 500 | | 其他应付款 | | | 2 700 |
| | 戊 | | 90 | 应付职工薪酬 | | | 10 410 |
| 其他应收款 | | 2 400 | | 应交税费 | | | 18 000 |
| 原材料 | | 8 100 | | 应付股利 | | | 6 000 |
| 生产成本 | | 2 400 | | 应付利息 | | | 900 |
| 库存商品 | | 6 600 | | 长期借款 | | | 19 200 |
| 长期股权投资 | | 68 100 | | 实收资本 | | | 84 000 |
| 投资性房地产 | | 5 010 | | 盈余公积 | | | 22 208.7 |
| 固定资产 | | 210 000 | | 利润分配 | | | 137 852.1 |
| 累计折旧 | | | 18 000 | | | | |
| 无形资产 | | 24 460.8 | | | | | |
| 长期待摊费用 | | 1 200 | | | | | |
| 合计 | | 341260.8 | 18 690 | | | 2 400 | 324 970.8 |

表 9-6           **资产负债表**         会企 01 表
编制单位:琴岛大酒店       2×19 年 12 月 31 日       单位:元

| 资　产 | 期末数 | 年初数 | 负债和所有者权益 | 期末数 | 年初数 |
|---|---|---|---|---|---|
| 流动资产: | | | 流动负债: | | |
| 货币资金 | 4 800 | | 短期借款 | 18 000 | |
| 交易性金融资产 | 4 200 | | 交易性金融负债 | 0 | |
| 衍生金融资产 | 0 | | 衍生金融负债 | 0 | |
| 应收票据 | 0 | | 应付票据 | 0 | |
| 应收账款 | 3 390 | | 应付账款 | 4 590 | |
| 应收款项融资 | 0 | | 预收款项 | 1 800 | |
| 预付款项 | 3 000 | | 合同负债 | 0 | |
| 其他应收款 | 2 400 | | 应付职工薪酬 | 10 410 | |
| 存货 | 17 100 | | 应交税费 | 18 000 | |
| 合同资产 | 0 | | 其他应付款 | 9 600 | |
| 持有待售资产 | 0 | | 持有待售负债 | | |
| 一年内到期的非流动资产 | 0 | | 一年内到期的非流动负债 | 0 | |
| 其他流动资产 | 0 | | 其他流动负债 | 0 | |
| 流动资产合计 | 34 890 | | 流动负债合计 | 62 400 | |

| 资　　产 | 期末数 | 年初数 | 负债和所有者权益 | 期末数 | 年初数 |
|---|---|---|---|---|---|
| 非流动资产： | 0 | | 非流动负债： | 0 | |
| 　债权投资 | 0 | | 　长期借款 | 19 200 | |
| 　其他债权投资 | 0 | | 　应付债券 | 0 | |
| 　长期应收款 | 0 | | 　租赁负债 | 0 | |
| 　长期股权投资 | 68 100 | | 　长期应付款 | 0 | |
| 　其他权益工具投资 | 0 | | 　预计负债 | 0 | |
| 　其他非流动金融资产 | 0 | | 　递延收益 | 0 | |
| 　投资性房地产 | 5 010 | | 　递延所得税负债 | 0 | |
| 　固定资产 | 192 000 | | 　其他非流动负债 | 0 | |
| 　在建工程 | 0 | | 　非流动负债合计 | 19 200 | |
| 　生产性生物资产 | 0 | | 　　负债合计 | 81 600 | |
| 　油气资产 | 0 | | 所有者权益： | 0 | |
| 　无形资产 | 24 460.8 | | 　实收资本（或股本） | 84 000 | |
| 　开发支出 | 0 | | 　其他权益工具 | 0 | |
| 　商誉 | 0 | | 　其中：优先股 | 0 | |
| 　长期待摊费用 | 1 200 | | 　　　　永续债 | 0 | |
| 　递延所得税资产 | 0 | | 　资本公积 | 0 | |
| 　其他非流动资产 | 0 | | 　减：库存股 | 0 | |
| 　非流动资产合计 | 290 770.8 | | 　其他综合收益 | 0 | |
| | | | 　专项储备 | 0 | |
| | | | 　盈余公积 | 22 208.7 | |
| | | | 　未分配利润 | 137 852.1 | |
| | | | 　　所有者权益合计 | 244 060.8 | |
| 资产总计 | 325 660.8 | | 负债和所有者权益总计 | 325 660.8 | |

# 9.2 | 利润表

## 9.2.1 利润表的作用

利润表是反映企业在一定会计期间经营成果的动态报表。利润表的列报应当充分反映企业经营业绩的主要来源和构成，有助于使用者判断净利润的质量及其风险，有助于使用者预测净利润的持续性，从而全面作出正确的决策。利润表的作用，主要体现在以下几个方面。

**1. 有助于分析企业的经营成果和获利能力**

通过一定时期的营业收入抵减营业成本、费用等之后的余额可直接揭示企业一定期间经营成果的形成。企业将这些经营成果数据，按不同时期相关指标进行比较，就可以评价和预测企业未来的获利能力，并据此作出经营决策。

**2. 有助于考核企业管理者的经营业绩**

利润表可以提供盈利方面的资料，这些信息属于综合性信息，是企业在经营、理财、投资等各项活动中成效的直接体现,基本上能够反映企业管理者的业绩。

**3. 有助于预测企业未来利润水平和现金流量**

企业的现金流入净额主要依靠盈利形成。利润表提供的盈利方面的信息,对预测企业未来盈利水平和现金流量的作用很大。

**4. 有助于企业管理者作出未来决策**

企业管理者通过对利润表的分析评价,可以揭露问题,找出差距,从而采取措施,改善企业的经营管理。

### 9.2.2　利润表的格式

常见的利润表格式主要有单步式和多步式两种。

❓ 延伸阅读9-2 ...........................................

**单步式利润表的格式**

表9-7　　　　　　　　　　　　　单步式利润表

| 项目 | 本期金额 | 上期金额 |
|---|---|---|
| 一、收入 | | |
| 　营业收入 | | |
| 　投资收益 | | |
| 　营业外收入 | | |
| 　收入合计 | | |
| 二、费用 | | |
| 　营业成本 | | |
| 　税金及附加 | | |
| 　销售费用 | | |
| 　管理费用 | | |
| 　财务费用 | | |
| 　资产减值损失 | | |
| 　营业外支出 | | |
| 　所得税费用 | | |
| 　费用合计 | | |
| 三、净利润 | | |

单步式利润表是先将当期所有的收入列在一起,然后将所有的费用列在一起,两者相减得出净损益。单步式利润表编制方式简单,收入支出归类清楚,但这种方法对收入、费用的性质不加区分,硬性归为一类,不利于报表分析。

在我国,企业利润表采用的是多步式,即通过对当期的收入、费用、支出项目按性质加以归类,按利润形成的主要环节列示一些中间性利润指标,分步计算当期净损益,便于使用者理解企业经营成果的不同来源。我国企业利润表格式如表9-8所示。

表9-8
利润表
会企02表

编制单位:　　　　　　　　　　年　　月　　　　　　　　　　　　单位:元

| 项目 | 本期金额 | 上期金额 |
|---|---|---|
| 一、营业收入 | | |
| 　减:营业成本 | | |
| 　　税金及附加 | | |
| 　　销售费用 | | |
| 　　管理费用 | | |
| 　　研发费用 | | |
| 　　财务费用 | | |
| 　　其中:利息费用 | | |
| 　　　利息收入 | | |
| 　加:其他收益 | | |
| 　　投资收益(损失以"-"号填列) | | |
| 　　　其中:对联营企业和合营企业的投资收益 | | |
| 　　　以摊余成本计量的金融资产终止确认收益(损失以"-"号填列) | | |
| 　　净敞口套期收益(损失以"-"号填列) | | |
| 　　公允价值变动收益(损失以"-"号填列) | | |
| 　　信用减值损失(损失以"-"号填列) | | |
| 　　资产减值损失(损失以"-"号填列) | | |
| 　　资产处置收益(损失以"-"号填列) | | |
| 二、营业利润(亏损以"-"号填列) | | |
| 　加:营业外收入 | | |
| 　减:营业外支出 | | |
| 三、利润总额(亏损总额以"-"号填列) | | |
| 　减:所得税费用 | | |
| 四、净利润(净亏损以"-"号填列) | | |

（续表）

| 项目 | 本期金额 | 上期金额 |
|---|---|---|
| （一）持续经营净利润（净亏损以"－"号填列） | | |
| （二）终止经营净利润（净亏损以"－"号填列） | | |
| 五、其他综合收益的税后净额 | | |
| （一）不能重分类进损益的其他综合收益 | | |
| 1.重新计量设定受益计划变动额 | | |
| 2.权益法下不能转损益的其他综合收益 | | |
| 3.其他权益工具投资公允价值变动 | | |
| 4.企业自身信用风险公允价值变动 | | |
| …… | | |
| （二）将重分类进损益的其他综合收益 | | |
| 1.权益法下可转损益的其他综合收益 | | |
| 2.其他债权投资公允价值变动 | | |
| 3.金融资产重分类计入其他综合收益的金额 | | |
| 4.其他债权投资信用减值准备 | | |
| 5.现金流量套期储备 | | |
| 6.外币财务报表折算差额 | | |
| …… | | |
| 六、综合收益总额 | | |
| 七、每股收益 | | |
| （一）基本每股收益 | | |
| （二）稀释每股收益 | | |

### 特别提示9-1

#### 非流动资产的处置应分情况计入"资产处置收益"和营业外收支项目

"资产处置收益"项目反映企业出售划分为持有待售的非流动资产（金融工具、长期股权投资和投资性房地产除外）或处置组（子公司和业务除外）时确认的处置利得或损失，以及处置未划分为持有待售的固定资产、在建工程、生产性生物资产及无形资产而产生的处置利得或损失。债务重组中因处置非流动资产产生的利得或损失，非货币性资产交换中换出非流动资产产生的利得或损失也在此项目中反映。

"营业外收入"项目反映企业发生的除营业利润以外的收益，主要包括债务重组利得、与企业日常活动无关的政府补助、盘盈利得、捐赠利得等。"营业外支出"项目反映企业发生的与经营业务无直接关系的各项支出，主要包括债务重组损失、公益性捐赠支出、非常损失、盘亏损失、非流动资产毁损报废损失等。

综上所述,非流动资产出售、转让产生的利得和损失,应计入"资产处置收益"项目。而属于已丧失使用功能正常报废所产生的利得或损失,应计入"营业外支出"项目。同时,因自然灾害等非正常原因造成的毁损报废损失,也应计入"营业外支出"项目。

### 9.2.3 利润表的编制方法

利润表中的"上期金额"应根据上年同期利润表"本期金额"栏内所列数字填列。"本期金额"栏反映各项目本期实际发生额,一般应根据损益类科目和所有者权益类有关科目的发生额填列。

(1)"营业收入""营业成本""税金及附加""销售费用""管理费用""财务费用""资产减值损失""公允价值变动收益""投资收益""资产处置收益""其他收益""营业外收入""营业外支出""所得税费用"等项目应根据有关损益类科目的发生额分析填列。

(2)其中:"对联营企业和合营企业的投资收益"项目应根据"投资收益"科目所属的相关明细科目的发生额分析填列。

(3)"其他综合收益的税后净额"项目及其各组成部分应根据"其他综合收益"科目及其所属明细科目的本期发生额分析填列。

(4)"营业利润""利润总额""净利润""综合收益总额"项目应根据本表中相关项目计算填列。

(5)"(一)持续经营净利润"和"(二)终止经营净利润"项目应根据《企业会计准则第42号——持有待售的非流动资产、处置组和终止经营》的相关规定分别填列。

【例9-2】 琴岛大酒店2×19年度有关利润表科目本年累计发生额如表9-9所示,要求根据表资料,编制琴岛大酒店2×19年度利润表,如表9-10所示。

表9-9                 **利润表科目本年累计发生额**                 单位:元

| 科目名称 | 借方发生额 | 贷方发生额 |
|---|---|---|
| 主营业务收入 | | 1 730 000 |
| 其他业务收入 | | 37 000 |
| 主营业务成本 | 970 000 | |
| 其他业务成本 | 10 000 | |
| 税金及附加 | 5 200 | |
| 销售费用 | 151 200 | |
| 管理费用 | 107 000 | |
| 财务费用 | 4 320 | |
| 资产减值损失 | 6 180 | |
| 投资收益 | | 76 000 |
| 营业外收入 | | 10 000 |
| 营业外支出 | 3 940 | |
| 所得税费用 | 139 087 | |

表 9-10                    **利润表**               会企 02 表

编制单位:琴岛大酒店           2×19 年度                单位:元

| 项目 | 本期金额 | 上期金额 |
|---|---|---|
| 一、营业收入 | 1 767 000 | |
| 减:营业成本 | 980 000 | |
| 税金及附加 | 5 200 | |
| 销售费用 | 151 200 | |
| 管理费用 | 107 000 | |
| 研发费用 | 0 | |
| 财务费用 | 4 320 | |
| 其中:利息费用 | 4 320 | |
| 利息收入 | 0 | |
| 加:其他收益 | 0 | |
| 投资收益(损失以"－"号填列) | 76 000 | |
| 其中:对联营企业和合营企业的投资收益 | 0 | |
| 净敞口套期收益(损失以"－"号填列) | 0 | |
| 公允价值变动收益(损失以"－"号填列) | 0 | |
| 信用减值损失(损失以"－"号填列) | 0 | |
| 资产减值损失(损失以"－"号填列) | 6 180 | |
| 资产处置收益(损失以"－"号填列) | 0 | |
| 二、营业利润(亏损以"－"号填列) | 589 100 | |
| 加:营业外收入 | 10 000 | |
| 减:营业外支出 | 3 940 | |
| 三、利润总额(亏损总额以"－"号填列) | 595 160 | |
| 减:所得税费用 | 139 087 | |
| 四、净利润(净亏损以"－"号填列) | 456 073 | |
| (一)持续经营净利润(净亏损以"－"号填列) | (略) | |
| (二)终止经营净利润(净亏损以"－"号填列) | (略) | |
| 五、其他综合收益的税后净额 | (略) | |
| (一)不能重分类进损益的其他综合收益 | | |
| 1.重新计量设定受益计划变动额 | | |
| 2.权益法下不能转损益的其他综合收益 | | |

（续表）

| 项目 | 本期金额 | 上期金额 |
|------|---------|---------|
| 3. 其他权益工具投资公允价值变动 | | |
| 4. 企业自身信用风险公允价值变动 | | |
| …… | | |
| （二）将重分类进损益的其他综合收益 | | |
| 1. 权益法下可转损益的其他综合收益 | | |
| 2. 其他债权投资公允价值变动 | | |
| 3. 金融资产重分类计入其他综合收益的金额 | | |
| 4. 其他债权投资信用减值准备 | | |
| 5. 现金流量套期储备 | | |
| 6. 外币财务报表折算差额 | | |
| …… | | |
| 六、综合收益总额 | （略） | |
| 七、每股收益 | （略） | |
| （一）基本每股收益 | | |
| （二）稀释每股收益 | | |

延伸阅读9-3

**"其他收益"项目和"信用减值损失"项目的列报**

"其他收益"项目，反映与日常活动相关，但不宜确认收入或冲减成本费用的政府补助，属于直接计入当期利润的利得。该项目应根据"其他收益"科目的发生额分析填列。

"信用减值损失"项目，反映企业计提的各项金融工具减值准备所形成的预期信用损失，"信用减值损失"科目属于损益类科目。该项目应根据"信用减值损失"科目的发生额分析填列。

# 9.3 现金流量表

## 9.3.1 现金流量表的作用

现金流量表是指反映企业在一定会计期间现金和现金等价物流入和流出的动态报表。其中，现金包括企业库存现金、银行存款，其他货币资金（包括银行汇票存款、银行本票存款、信用证存款等），现金等价物是指企业持有的期限短（一般为3个月以内），流动性强，易于转换为已知金额的现金，价格变动很小的投资。现金流量表主要有以下几个方面的作用：

（1）从编制原则上看，现金流量表按照收付实现制原则编制，将权责发生制下的盈利信息调整为收付实现制下的现金流量信息,便于信息使用者了解企业净利润的质量。

(2) 从内容上看,现金流量表被划分为经营活动、投资活动和筹资活动三个部分,每类活动又分为各具体项目,这些项目从不同角度反映企业业务活动的现金流入与流出,弥补了资产负债表和利润表提供信息的不足。

(3) 通过现金流量表,报表使用者能够了解现金流量的影响因素,评价企业的支付能力、偿债能力和周转能力,预测企业未来现金流量,为其决策提供有力依据。

### 9.3.2 现金流量表的格式

现金流量是某一期间内企业现金流入和流出的数量。根据企业业务活动的性质和现金流量的来源,现金流量表在结构上将企业一定期间产生的现金流量分为三类:经营活动产生的现金流量、投资活动产生的现金流量和筹资活动产生的现金流量。现金流量表的具体格式如表 9-11 所示。

表 9-11 　　　　　　　　　现金流量表 　　　　　　　会企 03 表

编制单位: 　　　　　　　　　年　　月 　　　　　　　　单位:元

| 项目 | 本期金额 | 上期金额 |
|---|---|---|
| 一、经营活动产生的现金流量: | | |
| 销售商品、提供劳务收到的现金 | | |
| 收到的税费返还 | | |
| 收到其他与经营活动有关的现金 | | |
| 经营活动现金流入小计 | | |
| 购买商品、接受劳务支付的现金 | | |
| 支付给职工以及为职工支付的现金 | | |
| 支付的各项税费 | | |
| 支付其他与经营活动有关的现金 | | |
| 经营活动现金流出小计 | | |
| 经营活动产生的现金流量净额 | | |
| 二、投资活动产生的现金流量: | | |
| 收回投资收到的现金 | | |
| 取得投资收益收到的现金 | | |
| 处置固定资产、无形资产和其他长期资产收回的现金净额 | | |
| 处置子公司及其他营业单位收到的现金净额 | | |
| 收到其他与投资活动有关的现金 | | |
| 投资活动现金流入小计 | | |
| 购建固定资产、无形资产和其他长期资产支付的现金 | | |

（续表）

| 项目 | 本期金额 | 上期金额 |
|---|---|---|
| 投资支付的现金 | | |
| 取得子公司及其他营业单位支付的现金净额 | | |
| 支付其他与投资活动有关的现金 | | |
| 投资活动现金流出小计 | | |
| 投资活动产生的现金流量净额 | | |
| 三、筹资活动产生的现金流量： | | |
| 吸收投资收到的现金 | | |
| 取得借款收到的现金 | | |
| 收到其他与筹资活动有关的现金 | | |
| 筹资活动现金流入小计 | | |
| 偿还债务支付的现金 | | |
| 分配股利、利润或偿付利息支付的现金 | | |
| 支付其他与筹资活动有关的现金 | | |
| 筹资活动现金流出小计 | | |
| 筹资活动产生的现金流量净额 | | |
| 四、汇率变动对现金及现金等价物的影响 | | |
| 五、现金及现金等价物净增加额 | | |
| 加：期初现金及现金等价物余额 | | |
| 六、期末现金及现金等价物余额 | | |

### 9.3.3  现金流量表的填列

**1. 经营活动产生的现金流量**

经营活动是指企业投资活动和筹资活动以外的所有交易和事项。各类企业由于行业特点不同，对经营活动的认定存在一定差异。对于工商企业而言，经营活动主要包括销售商品、提供劳务、购买商品、接受劳务、支付税费等。

通常情况下，经营活动产生的现金流入项目主要有："销售商品、提供劳务收到的现金""收到的税费返还""收到的其他与经营活动有关的现金"。经营活动产生的现金流出项目主要有："购买商品、接受劳务支付的现金""支付给职工以及为职工支付的现金""支付的各项税费""支付其他与经营活动有关的现金"。

需要说明的是，企业实际收到的政府补助，无论是与资产相关还是与收益相关，均在"收到其他与经营活动有关的现金"项目填列。

**2. 投资活动产生的现金流量**

投资活动是指企业长期资产的购建和不包括在现金等价物范围内的投资及其处置活

动。这里所讲的投资活动,既包括实物资产投资,也包括金融资产投资。这里之所以将"包括在现金等价物范围内的投资"排除在外,是因为已经将包括在现金等价物范围内的投资视同现金。

通常情况下,投资活动产生的现金流入项目主要有:"收回投资所收到的现金""取得投资收益收到的现金""处置固定资产、无形资产和其他长期资产所收回的现金净额""收到其他与投资活动有关的现金"。投资活动产生的现金流出项目主要有:"购建固定资产、无形资产和其他长期资产支付的现金""投资所支付的现金""支付其他与投资活动有关的现金"。

### 3. 筹资活动产生的现金流量

筹资活动是指导致企业资本及债务规模和构成发生变化的活动。这里所说的债务,指对外举债,包括向银行借款、发行债券以及偿还债务等。通常情况下,应付账款、应付票据等属于经营活动,不属于筹资活动。

通常情况下,筹资活动产生的现金流入项目主要有:"吸收投资收到的现金""取得借款收到的现金""收到其他与筹资活动有关的现金"。筹资活动产生的现金流出项目主要有:"偿还债务支付的现金""分配股利、利润或偿付利息支付的现金""支付其他与筹资活动有关的现金"。

### 4. 汇率变动对现金及现金等价物的影响

编制现金流量表时,应当将企业外币现金流量以及境外子公司的现金流量折算成记账本位币。外币现金流量以及境外子公司的现金流量,应当采用现金流量发生日的即期汇率或按照系统合理的方法确定的、与现金流量发生日即期汇率近似的汇率折算。汇率变动对现金的影响应当作为调节项目,在现金流量表中单独列报。

汇率变动对现金的影响,是指企业外币现金流量及境外子公司的现金流量折算成记账本位币时,采用的是现金流量发生日的即期汇率或按照系统合理的方法确定的、与现金流量发生日即期汇率近似的汇率,而现金流量表"现金及现金等价物净增加额"项目中外币现金净增加额是按资产负债表日的即期汇率折算的,由此产生的两者差额。

在编制现金流量表时,对当期发生的外币业务,也可不必逐笔计算汇率变动对现金的影响,可以通过现金流量表补充资料中"现金及现金等价物净增加额"与现金流量表中"经营活动产生的现金流量净额""投资活动产生的现金流量净额""筹资活动产生的现金流量净额"三项之和比较,其差额即为"汇率变动对现金的影响"。

### 5. 现金流量表补充资料

除现金流量表反映的信息外,企业还应在附注中披露将净利润调节为经营活动现金流量、不涉及现金收支的重大投资和筹资活动、现金及现金等价物净变动情况等信息。

### 9.3.4 现金流量表的编制方法

#### 1. 直接法和间接法

编制现金流量表时,列报经营活动现金流量的方法有两种:一是直接法;二是间接法。在直接法下,一般是以利润表中的营业收入为起算点,调节与经营活动有关的项目的增减变动,然后计算出经营活动产生的现金流量。在间接法下,将净利润调节为经营活动现金流量,实际上就是将按权责发生制原则确定的净利润调整为现金净流入,并剔除投资活动和筹资活动对现金流量的影响。

采用直接法编报的现金流量表,便于分析企业经营活动产生的现金流量的来源和用途,预测企业现金流量的未来前景;采用间接法编报的现金流量表,便于将净利润与经营活动产生的现金流量净额进行比较,了解净利润与经营活动产生的现金流量差异的原因,从现金流量的角度分析净利润的质量。所以,我国《企业会计准则》规定企业应当采用直接法编报现金流量表,同时要求在附注中提供以净利润为基础调节到经营活动现金流量的信息。

**2. 工作底稿法、T形账户法和分析填列法**

在具体编制现金流量表时,可以采用工作底稿法或T形账户法,也可以根据有关科目记录分析填列。

1) 工作底稿法

采用工作底稿法编制现金流量表,是以工作底稿为手段,以资产负债表和利润表数据为基础,对每一项目进行分析并编制调整分录,从而编制现金流量表。工作底稿法的程序是:

第一步,将资产负债的期初数和期末数过入工作底稿的期初数栏和期末数栏。

第二步,对当期业务进行分析并编制调整分录。编制调整分录时,要以利润表项目为基础,从"营业收入"开始,结合资产负债表项目逐一进行分析。在调整分录中,有关现金和现金等价物的事项,并不直接借记或贷记现金,而是分别记入"经营活动产生的现金流量""投资活动产生的现金流量""筹资活动产生的现金流量"有关项目,借方表示现金流入,贷方表示现金流出。

第三步,将调整分录过入工作底稿中的相应部分。

第四步,核对调整分录,借方、贷方合计数均已经相等,资产负债表项目期初数加减调整分录中的借贷金额以后,也等于期末数。

第五步,根据工作底稿中的现金流量表项目部分编制正式的现金流量表。

2) T形账户法

采用T形账户法编制现金流量表,是以T形账户为手段,以资产负债表和利润表数据为基础,对每一项目进行分析并编制调整分录,从而编制现金流量表。T形账户法的程序是:

第一步,为所有的非现金项目(包括资产负债表项目和利润表项目)分别开设T形账户,并将各自的期末期初变动数过入各该账户。如果项目的期末数大于期初数,则将差额过入和项目余额相同的方向;反之,过入相反的方向。

第二步,开设一个大的"现金及现金等价物"T形账户,每边分为经营活动、投资活动和筹资活动三个部分,左边记现金流入,右边记现金流出。与其他账户一样,过入期末期初变动数。

第三步,以利润表项目为基础,结合资产负债表分析每一个非现金项目的增减变动,并据此编制调整分录。

第四步,将调整分录过入各T形账户,并进行核对,该账户借贷相抵后的余额与原先过入的期末期初变动数应当一致。

第五步,根据大的"现金及现金等价物"T形账户编制正式的现金流量表。

3)分析填列法

分析填列法是直接根据资产负债表、利润表和有关会计科目明细账的记录,分析计算出现金流量表各项目的金额,并据以编制现金流量表的一种方法。

# 9.4 | 企业内部会计报表

现代企业投资人和管理者为了提高企业的竞争能力,改善经营管理,多致力于控制及考核各经营部门和有关工作人员的经营业绩。为了满足这方面的需要,会计部门应在编制常规外部会计报表的同时,编制一套反映各经营部门经营业绩详细指标的内部会计报表。

## 9.4.1 营业收支月报表

营业收支月报表(见表9-12)根据"主营业务收入"和"主营业务成本"等账户记录编制。各项指标的金额应与利润表有关项目相符。

表9-12                                营业收支月报表

编制单位:琴岛大酒店                        年  月                                单位:元

| 项目 | 客房 | 餐饮 | 商场 | 蒸汽浴 | 娱乐 | 合计 |
|---|---|---|---|---|---|---|
| 一、营业收入 | | | | | | |
| 减:营业成本 | | | | | | |
| 二、毛利额 | | | | | | |
| 三、毛利率 | | | | | | |
| 减:销售费用 | | | | | | |
| 管理费用 | | | | | | |
| 税金 | | | | | | |
| 四、利润 | | | | | | |

## 9.4.2 销售费用月报表

销售费用月报表又称销售费用明细表(见表9-13),应根据各部门的销售费用明细账编制。销售费用总额应当与利润表的销售费用相符。

表 9-13　　　　　　　　　　销售费用月报表

编制单位:琴岛大酒店　　　　　　　　　年　月　　　　　　　　　单位:元

| 项目 | 客房 | 餐饮 | 商场 | 蒸汽浴 | 娱乐 | 合计 |
|---|---|---|---|---|---|---|
| 工资 | | | | | | |
| 折旧费 | | | | | | |
| 修理费 | | | | | | |
| 燃料费 | | | | | | |
| 电费 | | | | | | |
| 水费 | | | | | | |
| 物料消耗 | | | | | | |
| 电话费 | | | | | | |
| 洗涤费 | | | | | | |
| 服装费 | | | | | | |
| 工作餐费 | | | | | | |
| 低值易耗品摊销 | | | | | | |
| 其他 | | | | | | |
| 合计 | | | | | | |

### 9.4.3　管理费用月报表

管理费用月报表又称管理费用明细表(见表 9-14),应根据管理费用明细账编制,管理费用总额应当与利润表的管理费用相符。

表 9-14　　　　　　　　　　管理费用月报表

编制单位:琴岛大酒店　　　　　　　　　年　月　　　　　　　　　单位:元

| 项目 | 金额 |
|---|---|
| 工资 | |
| 差旅费 | |
| 折旧费 | |
| 修理费 | |
| 电费 | |
| 水费 | |
| 物料消耗 | |
| 电话费 | |

(续表)

| 项目 | 金额 |
|---|---|
| 服装费 | |
| 工作餐费 | |
| 低值易耗品摊销 | |
| 其他 | |
| 合计 | |

### 9.4.4 管理费用分配表

管理费用分配表(见表 9-15)应根据各部门月度营业收入和确定的换算系数计算分配。管理费用分配表分配的管理费用是供编制营业收支月报使用的,不作转账处理。

表 9-15 **管理费用分配表**

编制单位:琴岛大酒店　　　　　　　　年　月　　　　　　　　单位:元

| 部门 | 分配标准 | | | 分配率 | 分配金额 |
|---|---|---|---|---|---|
| | 实际营业收入 | 换算系数 | 换算后营业收入 | | |
| 客房 | | | | | |
| 餐饮 | | | | | |
| 商场 | | | | | |
| 蒸汽浴 | | | | | |
| 娱乐 | | | | | |
| 合计 | | | | | |

## 重 要 概 念

资产负债表　利润表　现金流量表　账户式　多步式　现金及现金等价物　经营活动的现金流量　投资活动的现金流量　筹资活动的现金流量

## 思 考 题

1. 资产负债表期末余额的填列方法有哪几种?

2. 利润表的作用有哪些?

3. 什么是现金及现金等价物?

4. 什么是经营活动的现金流量?

# 参 考 文 献

[1] 周龙腾. 酒店会计[M]. 北京:中国宇航出版社,2010.

[2] 蔡凤娇. 酒店会计实务[M]. 江西:江西人民出版社,2009.

[3] 蔡凤娇. 酒店会计基础、案例、实操[M].3 版. 北京:人民邮电出版社,2016.

[4] 滕晋. 酒店·餐饮服务业会计从入门到精通[M]. 北京:化学工业出版社,2016.

[5] 李小林. 旅游饮食服务业会计[M]. 上海:立信会计出版社,2018.